·东厂内审讯犯人的情景。东厂掌印太监坐案后，官员两旁陪坐，书记员在一旁做记录，掌刑人员立两侧，犯人跪在堂前。绘图/孙毅来

皇帝身边人 002

李金海 著 / 宋毅 主编

台海出版社

图书在版编目（CIP）数据

皇帝身边人 . 002, 东厂 / 李金海著 . -- 北京：台
海出版社 , 2017.11
ISBN 978-7-5168-1592-2

Ⅰ . ①皇… Ⅱ . ①李… Ⅲ . ①中国历史 – 近代史 – 研
究 Ⅳ . ① K250.7

中国版本图书馆 CIP 数据核字 (2017) 第 258465 号

皇帝身边人 002：东厂

著　　者：李金海

责任编辑：刘　峰　　　　　　　　　策划制作：指文文化
视觉设计：杨静思　　　　　　　　　责任印制：蔡　旭

出版发行：台海出版社
地　　址：北京市东城区景山东街 20 号　　　邮政编码：100009
电　　话：010 – 64041652（发行，邮购）
传　　真：010 – 84045799（总编室）
网　　址：www.taimeng.org.cn/thcbs/default.htm
E – mail：thcbs@126.com

经　　销：全国各地新华书店
印　　刷：重庆共创印务有限公司
本书如有破损、缺页、装订错误，请与本社联系调换

开　　本：787mm × 1092mm　　　　　　1/16
字　　数：200 千　　　　　　　　　　　印　张：14.5
版　　次：2017 年 11 月第 1 版　　　　　印　次：2017 年 11 月第 1 次印刷
书　　号：ISBN 978-7-5168-1592-2

定　　价：59.80 元

目錄

○ 引子 ○

印象东厂

　　武侠影视剧作为中国独特的文化现象，已成为某种意义上的中国文化符号之一，二十世纪九十年代港台地区推出了许多武侠剧，其中不少堪称经典之作，成为几代人的回忆。在为数众多的武侠剧中，有一部堪称经典中的经典，那就是由徐克监制、李惠民导演的《新龙门客栈》。

　　《新龙门客栈》的故事背景是明朝中期的英宗天顺年间，当时宦官专权，朝政昏暗，许多忠臣遭到由宦官把持的东厂的打击迫害。兵部尚书杨宇轩为官清廉耿直，遭到东厂大太监曹少钦嫉恨，遂假传圣旨，将其迫害致死。侠女邱莫言等人救出杨宇轩子女，逃往大漠边关龙门客栈，与杨宇轩部下周淮安会合。孰知此举正中曹少钦下怀，想趁机引出杨宇轩的部下周淮安，企图斩草除根。在邱莫言一行抵达龙门客栈后，没多久东厂三大档头带领众高手尾随而至，悄然无息地包围了龙门客栈，于是，上演了一出江湖儿女与东厂鹰犬之间的生死搏斗。

　　大漠黄沙，恩怨情仇，整部影片荡气回肠，尤其是由甄子丹扮演的东厂大太监曹少钦，狡诈阴险，心狠手辣，给观众留下深刻印象。其实香港武侠电影中关于东厂的还有很多，《新龙门客栈》是其中比较经典一部。

　　许多人在观看影片后，都对东厂这一明朝特有的特务组织产生了好奇，但大多数人对它了解并不多，仅限于影视剧呈现出来的形象。东厂作为明朝重要的权力机构组成部分，它在历史上的真实面目究竟如何，又对整个大明王朝的历史走向产生了怎样的影响？本书无意颠覆历史，只想拨开迷雾，与读者一起走近这个已消失在历史深处的神秘组织。

第一章

皇帝的私家侦探

——东厂的设立

公元 1368 年，曾经不可一世的元帝国被推翻，蒙古势力退出中原，在元末诸多起义军中，朱元璋最终脱颖而出，在应天（今南京）建立了大明王朝，是为明太祖。元明鼎移与以往中国历史上的改朝换代有所不同，作为正统王朝，元朝在中原地区已经全面崩溃，但它并未就此烟消云散，而是全身而退，重返蒙古草原。历史经验告诉我们，没有一个政治势力会甘愿退出历史舞台，蒙元皇室贵族也概莫能外，他们虎视眈眈，伺机重返中原，夺回他们昔日的天堂。

元顺帝逃出大都后，蒙古政权在蒙古高原又先后经历了共二十八位大汗，享国二百六十七年，差不多与明朝相始终。在最初一段时间，还是奉大元正朔，与南方明朝对峙，史称北元。北元以后多次南征，想重新占领大都，但没有成功。明朝也想彻底荡平蒙古，永绝后患，不过数次北伐，收效甚微。时间久了，双方都明白，彻底解决对方几乎没有可能，便一直处于滋扰、防守、反击的拉锯对峙中。

如何防御蒙古人，一直是明朝历任皇帝最头疼的事，虽然在明初发起过几次大规模主动出击，但想要在茫茫草原彻底歼灭飘忽不定的游牧部队，是一件很难完成的事。明朝最后只好沿着北部边境大规模修建长城，派重兵把守。这种被动防守，无法从根本上杜绝蒙古人入侵，相反，蒙古人屡次破坏长城，小股骚扰和大规模入侵从来没有停止过，像幽灵一样伴随明朝二百多年，直到东北平原的女真人崛起。1616 年努尔哈赤建立后金，在征服女真三部后大举入侵蒙古，1635 年额哲献传国玉玺降金，北元灭亡。

明太祖朱元璋是中国历史上大一统王朝开国皇帝中出身最低微的，这一直是他难以化解的心结。

尽管已是黄袍加身，但巍峨的宫殿，尊贵的帝位，没有给朱元璋带来多少安全感。夜深人静，他一个人坐在高高的宝座上，或许会感到前所未有的恐惧。诚然，北元的存在，使得明太祖始终感觉犹如芒刺在背，不敢掉以轻心。但更重要的一点，是他低贱的出身，虽然现在他已经贵为九五之尊，但这并没有抚平童年时期贫困和卑微生活给他带来的心理创伤。

早年逃过荒，要过饭，做过寺庙沙弥，再加上父母早逝，没有家庭的温暖，没有亲人的关爱，这一切，让明太祖变得异乎常人地冷酷无情，他不相信任何人，除了手中的权力。

明太祖对权力的迷恋和执着，或许超过了历史上的任何帝王。他坐在奉天殿宝座上，俯视那些匍匐在脚下的满朝文武百官，心中五味杂陈，这些人中相当一部分是跟随他出生入死的战友，但如今君臣名分已定，他们已经变成权力的分享者。

历来人们都认为，明太祖诛杀功臣是"走狗死，狡兔烹"，属于卸磨杀驴的卑鄙行为。不排除有这种因素，但历史的真相往往比我们想象的要复杂得多。

彼时一个新的王朝刚建立，王朝体制还在初创之中，崭新的帝国想要正常运转，必须依靠庞大的文官团队，但很显然，明初文官队伍还很薄弱，与此形成鲜明对比的是庞大的功臣集团。

以李善长、胡惟庸为首的淮西集团，大多与明太祖是老乡，他们把脑袋别在裤腰带上跟着朱元璋打天下，不就是为了今天能过上好日子吗？坐江山是理所当然的，于是大家都以大明功臣自居，根本不把那些普通文官官僚放在眼里。

这些功臣大多劳苦功高，身居要职，甚至拜将封侯，而且大多是一起出生入死的兄弟，感情上容易亲近，于是拉帮结派，互通有无，共同进退，无形中对皇权构成了威胁，这恰恰是朱元璋不能容忍的。

如何处理功臣，在历朝历代都是个大难题，一旦处理不好，就会造成新的动荡。比如汉高祖刘邦为了防止功臣对皇权构成威胁，决定向韩信、英布等异姓王夺权，结果激起诸异姓王造反，花了很大力气才镇压下去。后来，刘邦在讨伐英布叛乱时被流矢射中，引发伤口感染去世。

汉光武帝采取保全功臣、善待功臣的策略，结果造成豪强并起，尾大不掉。纵览历史，两害相权取其轻，为了确保大明江山永远掌握在老朱家手里，明太祖决定铲除功臣集团。

没有任何证据表明，明太祖一开始就计划系统性地铲除全部功臣，但权力会腐蚀一个人的性格，尤其是站在权力巅峰的人，明太祖即位时正处于盛年，不过四十岁，但他在位长达三十年，这在历朝开国帝王中都比较少见。随着年龄增长，他愈加害怕失去权力，尤其是到了晚年，他的猜忌心更加强烈。怎样才能使自己的权力更加安全，毫无疑问，唯有死人才不会争权夺利，为了朕的江山社稷，为了子孙后代，只有磨快手中的刀了。

诛杀功臣元勋的序幕拉开了，理由各有不同，但结局都一样，朝堂上的功臣元勋今天还是峨冠博带，明天就人头落地了。在一场场血雨腥风之后，昔日的强臣悍将消失了，朝堂上反对声没有了。

太子朱标为人仁厚，眼看着朝堂上血雨腥风，实在不忍，便向明太祖求情，希望父皇网开一面，不要过度杀戮。朱元璋一听，心想："小兔崽子，朕这还不是为了你，你怎么就不明白朕的一片良苦用心呢！"随手将一根带刺儿的荆条扔到地上，让朱标去捡，朱标面露难色。朱元璋于是命人将荆条上的刺儿全部削去，然后意有所指地对儿子说道："现在再去捡，不就容易得多了吗？"

朱标最终没有阻止得了太祖屠杀功臣，受到很大刺激，加上身体不太好，没多久便撒手人寰。白发人送黑发人对明太祖打击很大，使他变得更加刻薄残忍。

　　经过一连串大规模屠杀后，淮西功臣集团被屠杀殆尽，在这些消失的身影中有一个人比较特殊，此人是胡惟庸。

　　胡惟庸是濠州定远（今属安徽）人，很早就投靠朱元璋，从底层做起，可以说是一步一个台阶爬上来的。胡惟庸能够登上权力巅峰，位极人臣，与他的同乡李善长的提携分不开，与杨宪被杀也有很大关系。

　　杨宪是一名出色的情报人员，在朱元璋荡平群雄的过程中，常常奉命出使张士诚、方国珍等敌对方，由于处事得体，办事干练，很得朱元璋欣赏。杨宪为人很倔，做事不留情面，根本不管对方是谁，他只忠于朱元璋，正是这一点令朱元璋对他另眼相看。

　　1367年，朱元璋打败张士诚，在张士诚旧地设立浙东行省，浙东地区非常富庶，地位非常重要，交到外人手里自然不放心，便任命外甥李文忠担任行省右丞，总管军务，负责安抚工作。朱元璋向来疑心很重，就算是骨肉至亲，也并不完全信任，便在他身边安插了一双耳目，此人正是杨宪。当然名义上，杨宪是以李文忠下属的身份前往浙东的。

　　队伍即将开拔，朱元璋秘密接见了杨宪，对他说："李文忠还年轻，资历浅，历练少，此去浙东，各方面事物千头万绪，还要你多拿主意。万一出了问题，朕唯你是问。"

　　杨宪果然没让朱元璋失望。他没有因为李文忠是朱元璋所宠爱的外甥而投鼠忌器，将李文忠的相关消息源源不断传到朱元璋耳中，包括李文忠违规任用当地儒士屠性、孙履、许元、王天锡、王橚等人参与政务等敏感消息。

　　按理说，李文忠提拔任命当地人，对于稳定局面和收买人心有一定作用，但由于双方斗争还未完全结束，张士诚的残余势力还在地下活动，在局势尚未完全明朗之前，这样做是有很大风险的。接到杨宪汇报后，朱元璋二话没说，立刻派人把这五个人押到京城，屠性、孙履被处死，许元、王天锡、王橚三人充军发配。这件事将杨宪敢干敢闯，不怕得罪人的性格表现得淋漓尽致。

在朱元璋的眼里，一切人都可以怀疑，没有谁是绝对值得信任的。后来，朱元璋将杨宪安插到中书省，刺探百官的所作所为，看是否有对自己不满的人员。

杨宪是一个出色的情报人员，但不是一个合格的政治家。他很快向朱元璋检举左丞相李善长，称"李善长无大才，不堪为相"。刚开始朱元璋没在意，后来反映次数多了，他反而怀疑起杨宪来。李善长跟随朱元璋征战多年，给他出谋划策，一起出生入死，劳苦功高，是大明开国第一功臣，他的才能朱元璋心里有一本明账。在朱元璋心里，杨宪再能干，也比不上李善长。

杨宪不知进退，最终引来杀身之祸。李善长终于反击了，上书弹劾杨宪"放肆为奸事"，最终杨宪被杀。杨宪是个合格的特务，业务能力过硬，可惜政治嗅觉不行，最终落了个身首异处。

杨宪被杀后，为了防止卧榻之侧再出现杨宪这样的卧底，李善长觉得是该有个可靠的帮手，一旦有事就能互为援引，于是他举荐了胡惟庸。胡惟庸是老乡，又是姻亲，绝对是自己人，但后来发生的事证明他走了一步臭棋。

刚开始，胡惟庸做事很谨慎，早请示晚汇报，事事请皇帝拍板定夺，不敢自作主张，也赢得了朱元璋的赞许。身居高位日子一久，胡惟庸难免自我膨胀，做事开始独断专行。朝中各部门的奏章，胡惟庸先要过目，凡是对自己不利的，便扣下不上呈皇帝。

渐渐的，好多官员为了巴结胡惟庸，竞相奔走于他的家门，贿送金帛、名马、珍玩，数不胜数。

吉安侯陆仲亨和平凉侯费聚因犯错受到朱元璋严厉斥责，两个人异常恐惧，想到胡惟庸是皇帝身边的红人，且专权用事，便与胡惟庸秘密结交，往来频密，一门心思想靠上丞相大人这棵大树。胡惟庸是文臣，也想有两个得力干将，双方一拍即合。

为了让陆仲亨和费聚死心塌地跟着自己，胡惟庸约两人私下到府上饮酒，趁酒酣时屏退左右，拿二人的不利处境做文章，对他们一顿恐吓，使他们非常惶恐。接着胡惟庸令他们在暗中招兵买马，等待时机起事。

胡惟庸还想拉李善长入伙，李善长当时年纪大了，胆子也小，一口拒绝。胡惟庸看人有一套，既然正面拉拢李善长不成，不如从外围入手。李善长的弟弟李存义是胡惟庸的儿女亲家，胡惟庸先把李存义拉下了水。李存义得了好处，便不停地游说李善长。李善长刚开始的时候还严词呵斥李存义，后来听得多了，也就默许了，如此一来，胡惟庸更加有恃无恐。

为了确保万无一失，胡惟庸还积极寻求外援，暗命明州卫指挥林贤出海招引倭寇，又派人到北元请求出兵做外应。

恰好此时，胡惟庸的儿子因乘坐的马车在市区超速驾驶引发车祸，从车上摔下来，当场毙命。丧子之痛让胡惟庸失去了理智，一怒之下将驾车仆人处死。这事传到朱元璋耳中，他勃然大怒，朝廷自有法纪，出了事应该交给有关部门审判处置，岂能由着胡惟庸私自杀人，动用私刑分明是蔑视大明法度，这还了得！

朱元璋下令胡府杀人抵命，胡惟庸起初以为皇帝不过是做做样子罢了，便主动提出愿意合理补偿死者家属，谁料皇帝就是不同意，这样一来，胡惟庸觉得事情严重了，便与御史大夫陈宁、中丞涂节等人图谋起事。

洪武十二年（1379年）九月，占城国来进贡，胡惟庸没有及时向皇帝汇报。朱元璋从宦官口中得知后大怒，下敕令责备中书省。胡惟庸和右丞相汪广洋叩头谢罪，但将过失归咎于礼部，礼部大臣又归咎于中书省。这种相互扯皮的做法，让朱元璋更加愤怒，于是将各臣僚全部关押起来。

右丞相汪广洋长期不作为，跟在胡惟庸屁股后面逐波随流，被先贬官，后赐死。在此过程中，汪广洋小妾陈氏的身份引起了朱元璋注意，陈氏的父亲曾是一名知县，因罪抄没家产，家人籍没入官。按照大明律，被没入官的妇女，只能给功臣家，汪广洋作为文臣是怎么得到的？其中肯定有问题，朱元璋下令调查，牵扯到了胡惟庸以及六部属官。

关于胡惟庸谋反，有一件很奇怪的事。据说胡惟庸在家中安排好了甲兵，对外称他家的旧宅井里涌出了醴泉，是大明的祥瑞，邀请皇帝前来观赏。朱元璋很高兴，欣然前往，走到半道上，一个名叫云奇的太监冲到皇帝的驾前，紧拉住缰绳，因一时过于紧张，急得说不出话来，只是不停用手指着胡宅。卫兵立即冲上来将他拿下，一顿暴揍，他仍然指着胡惟庸家的方向，不肯退下。朱元璋觉得不妙，当下返回，登上高处看到胡惟庸家墙道里都藏着士兵，刀枪林立，便下令将胡惟庸逮捕，立即处死。

然而，根据《明太祖实录》记载，在此四天前，中丞涂节已经上告胡惟庸谋反，以朱元璋猜忌多疑的性格，怎么可能还傻乎乎去胡惟庸家。胡惟庸如果真要谋反，在家里埋伏刀兵，怎么可能让人在城墙上轻易看见。这种说法漏洞百出，很明显站不住脚。明史学家吴晗写了一篇著名的文章叫《胡惟庸党案考》，把胡惟庸的案子从头到尾缕析了一遍，得出结论，胡惟庸案是一个冤案。

胡惟庸的罪名很多，比如涉嫌毒杀刘基等等。这些罪名中，有不少显得很牵强，甚至相互矛盾。关于胡惟庸是否谋反，在当时就有不少人持怀疑态度，所谓的胡惟庸案，极有可能是朱元璋为加强权力制造的一个借口。胡案前后遭受牵连者多达三万余人。

胡惟庸一死，明太祖索性把丞相职位也废除了，六部尚书直接向他负责，胡惟庸成了中国历史上最后一位宰相。

丞相制度，自秦汉起已经存在了一千多年，如今被废除，意味着明太祖国家元首与内阁总理一肩挑，庙堂之上，他事必躬亲，超负荷工作，很苦很累，不过他很享受这种大权独揽的快感。大权集于一身，明太祖并没有因此放松对臣下的警惕性。按理说，朝廷有御史监督官员，但在明太祖看来，他们本身也是技术官僚中的一员，日子久了，难免和各衙门官署官员串通一气，怎么才能对臣下做到全方位、无死角的监控呢？针孔摄像头、窃听器要几百年后才会发明出来，明太祖当然不能等。

技术问题在政治角度看来根本不是问题，监控臣下这件事，明太祖很快想出了办法。他设立了一个特殊部门，叫作"拱卫司"，后改称"亲军都尉府"，统辖仪鸾司，掌管皇帝仪仗和侍卫，洪武十五年（1382 年），裁撤亲军都尉府与仪鸾司，合并为锦衣卫，其首领称为"锦衣卫指挥使"，锦衣卫专门负责监督臣下不轨之迹，有了这个机构，对百官的监控水平有了质的飞跃。

侍从学士宋濂为人忠厚，常得太祖夸赞，但并不代表太祖完全信任他。宋濂有一次设家宴，请几个朋友吃饭。次日上朝，明太祖不露神色地问他："听说昨天你请人吃饭，都有哪些人参加了啊？"宋濂一五一十作了回答。见他没有撒谎，明太祖脸上露出满意的笑容，连声说："好，还是你一向老实，从不讲假话。"说罢拿出一张锦衣卫画的图，上面连客人座次都标注得一清二楚，吓得宋濂后背出了一层冷汗，暗自庆幸没说假话，不然此刻已是脑袋搬家了。

除了防止外臣擅权以外，明太祖对内宫宦官也没有掉以轻心，他早期虽然读书不多，底子薄，但通过后来自学成才，熟读史书，知道东汉、唐朝宦官干政的历史，于是将宦官不得干预朝政定为祖训，制成铁牌立于宫门外，告诫后世子孙，谨防大权旁落宦官之手。

自以为已经为后世子孙做好了所有的顶层设计，明太祖这架权力机器高速运转三十年后，于洪武三十一年（1398 年）闰五月十日驾崩，皇位由皇太孙朱允炆继承，是为明惠帝，亦称作建文帝。

建文帝即位，招来相当一部分人的不满。确切说，是他那些叔叔伯伯们的不满。

明太祖在开创大明江山的同时在造人大业上也取得了辉煌成就，生下一大堆儿子，这些龙子凤孙们都被封到全国各地做王爷。他们中有些人追随太祖立下赫赫战功，排行老四的燕王朱棣就是其中之一。

本来明太祖的皇帝宝座应由太子朱标来继承，可惜他福薄，早早死了，眼看皇位继承人位置空了出来，那些王爷们一个个摩拳擦掌，想奋力一搏。儿子们的心思明太祖自然心知肚明，但历朝历代为了夺嫡上演了多少皇室惨剧，他心里更清楚，权衡再三，决定不再从皇子中策立太子，而是直接立朱标的儿子朱允炆为皇太孙。

消息公布后，有些王爷也就死了心，断了念想，但也有人不甘心，比如燕王朱棣。朱棣本来就自命不凡，朱标在世时，就有点瞧不起他这个比较文弱的大哥，无奈立嫡长子为储君，是历朝历代的铁规矩，尽管内心不服，但也只有感叹造化弄人，没这个命！可如今却要向一个乳臭未干的毛头小子俯首称臣，他岂能甘心！

朱棣自认为是诸多兄弟中最像老子的一个，朱元璋也这样认为。他身体里流淌着朱元璋那种对权力极度渴望的基因，还有同样的冷酷无情。

朱棣心里的小算盘，建文帝朱允炆很清楚。朱允炆在做皇太孙时，对这些叔叔藩王们将他不放在眼里，心中颇有不满，暗自与伴读黄子澄商量以后设法除掉他们。

建文帝尽管性子弱，但也不甘心坐以待毙。先下手为强，后下手遭殃的道理他懂。作为大明天子，无论法理还是资源，建文帝自认为都占有优势，于是采纳大臣齐泰、黄子澄的建议，决定削藩。

建文帝打算采取剥蒜头的战术，先拿下几个势力较弱的藩王，剪除枝蔓以后，再对实力强悍的燕王朱棣下手。

然而，削藩这事，从来就是个高风险的活儿，历史上汉景帝就由于听晁错的建议削藩，结果引起七国之乱，费了很大精力才镇压下去。而且建文帝缺乏汉景帝的魄力，自始至终犹豫不决。

燕王朱棣自然不会束手就擒，他野心勃勃，就差一个起兵的借口，现在好了，有了送上门的理由，便对外称朝中有奸臣挑拨离间他们老朱家的叔侄感情，举起"清君侧"的大旗，于建文元年（1399 年）七月起兵反抗朝廷。

朱棣率领的燕军驻扎在北部边境，长期与蒙古人交手，经历过生死考验，朝廷军队显然不是他们的对手，很快朝廷方面便处于不利局面。更要命的是，朝中开国大将已经被明太祖诛杀殆尽，缺乏统领大军的将帅之才。

可笑的是，双方已经撕破脸真刀实枪地干上了，建文帝还心存一念之仁，下诏说："切不可伤了朕的叔父，让朕背上不孝的骂名。"导致前方战士放不开手脚，士气低落，加上用人不当，任用李景隆这样的草包将军，结果一路败退。

朱棣很快挥师南下，三年后占领南京，建文帝下落不明，朱棣称帝，是为明成祖，这场为时三年的战争，史称"靖难之役"。

靖难之役朱棣之所以取得最终胜利，原因是多方面的，比如双方将领的军事素质存在差异，建文帝本人优柔寡断、迟疑不决的性格等等，但其中有一个原因不能不提，它对本书所讲的东厂的设立有着至关重要的影响，这便是建文帝身边太监的反水。

靖难之役起初并不是很顺利，在双方僵持阶段，朱棣收到了重要情报，情报送出者正是建文帝身边的太监们。按照常理，只有建文帝不倒，他们才能活命，这些太监为何做出这种反常的事呢？

原来建文帝坚持明太祖定下的宦官不得干政的大政方针，对太监们比较苛刻，太监们在提心吊胆中过日子，终日惶惶不宁。他们中有些人心眼活泛，早早和朱棣暗中勾结，将建文帝的一举一动偷偷传到朱棣那里，所以在双方交战中，朱棣对对方军事决策和防守布置了如指掌，占得先机。燕军兵临南京城下，皇宫里的太监们一个个争着去迎接朱棣入城，唯恐落在别人后面，被人抢了新主子心里的位置。

明成祖即位后论功行赏，自然不会忘了在敌后做出杰出情报工作的太监们，对他们大加赏赐，除此之外，他还打破了太祖时期立下的一些规矩，例如提高了太监品秩。成祖时期，太监中涌现出一大批能人，比如有名叫狗儿的太监，在靖难之役中表现得异常生猛，带头冲锋陷阵，立下汗马功劳。此外，还有家喻户晓的三宝太监郑和，他率领水师扬帆远航，七下西洋，将大明国威远播异域。在内政外交方面，太监中也不乏能干的人，太监李兴出使暹罗（今泰国），侯显出使西域，马靖巡视甘肃，王安等人督军营。

成祖汲取建文帝因太监反叛导致失败的教训，将他们和自己的利益绑在一起，让这些太监们意识到皮之不存毛将焉附的道理，死心塌地为自己效忠卖命。在某种意义上，明成祖成功了，因为在明朝二百多年历史中，不管太监如何嚣张跋扈，在皇帝面前永远是奴才。为了更好地说明这一点，不妨将明朝的宦官与前朝的比一比，中国历史上宦官干政比较厉害的当属东汉、唐朝与明朝，跟前朝宦官们的辉煌业绩一比，明朝宦官表面上看同样风光无限，实际上是小巫见大巫。

宦官的权势说到底是皇权的延伸，中国历史上，宦官制度最早可以追溯到周朝，根据《周礼》记载，春秋时期，无论在周天子宫室，还是诸侯各国都有宦官，被称作"寺人"，作为近侍，他们比一般臣属更容易接近君王和取得信任，因此有机会攫取权力，参与政事。

　　齐桓公晚年特别宠幸寺人竖刁，结果竖刁趁他生病之际发动政变，将齐桓公囚禁在宫内活活饿死，等被发现时尸体上爬满了蛆虫。春秋五霸另外一名君主晋文公，早年晋国发生内乱，他被迫逃亡，途中遭到两次追杀，带兵的正是一名叫作履鞮的寺人，后来晋文公返回晋国，饶恕了履鞮，还将他官复原职。由此可见，早在春秋时期，宦官就活跃在政坛上。而第一个登上权力巅峰的宦官，要属秦朝的赵高，他不但任中车府令，兼行符玺令事，后来还自任丞相，逼死秦二世，一手葬送了显赫一时的大秦帝国。

　　东汉时期，除了初期的光武帝、明帝、章帝三位皇帝外，其他皇帝都是幼年即位，有的甚至还在襁褓之中就被抱上皇帝宝座，这些娃娃皇帝自然不会打理朝政，只能由太后临朝听政。太后久居深宫，能力有限，如何应付得过来千头万绪的国事，能依靠的唯有自己娘家的势力。然而，小皇帝终究会长大，等他长大后，自然不甘心大权旁落，便要向外戚势力夺权，但小皇帝自小就生于深宫之中，长于妇人之手，他能够信任的只有身边的宦官，便只能依靠宦官力量向外戚夺权。可以说，一部东汉史，就是一部宦官和外戚的夺权史，二百年中绝大多数时期就是宦官和外戚轮流坐庄，由士大夫组成的官僚队伍处于夹缝之间艰难生存。宦官权势在桓帝、灵帝时期达到顶峰，皇帝完全被他们玩弄于掌股之间。宦官单超、唐衡、徐璜、具瑷等五人因诛杀外戚梁冀有功，一日之内同时封侯，食邑自一万三千户到二万户不等，时人并称"五侯"。

　　宦官当政期间，依仗皇帝信任，把持朝政、排斥异己、盘剥百姓、任人唯亲。宦官们的亲属及其党羽占据了从朝堂到地方的大小官职，而大多数太学生及地方儒生的仕进之路被堵塞，朝政昏暗不堪，民生凋敝，百姓困苦，最终爆发了黄巾起义，导致东汉王朝覆灭。

　　唐朝宦官专政始于玄宗时期的高力士，高力士终其一生，对玄宗忠心耿耿，屡次忠言进谏，为开创开元盛世做出了贡献。安史之乱后，玄宗退位，高力士因维护玄宗，遭到宦官新贵李辅国嫉恨，被流放致死。唐朝自李辅国起，宦官把持朝政，打击异己，甚至嚣张到连皇帝都不放在眼里。比如权宦王守澄弑杀唐宪宗，发动"甘露之变"囚禁唐文宗，一生三度废立皇帝。而唐敬宗也是死在宦官刘克明之手。这一幕幕可谓惊心动魄，骇人听闻。

回顾历史，才能更好地理解明朝皇帝为何要重用宦官。他们不是不知道宦官的危害，只是别无选择，而且与汉唐相比，明朝宦官危害小了许多，因为他们自始至终没有对皇权构成威胁，还恰恰是皇权最坚定的维护者，他们的命运始终掌握在大明皇帝手中。

在皇权体制下，宦官专权绝对是另类存在，他们始终得不到主流社会的承认，但在中国漫长的历史中一直存在，与皇权相互利用又相互依存，成为畸形权力结构，只要皇权体制不解体，他们就有存在的土壤。

传统戏剧里，宦官统统扮演着小丑的角色，要么阴险狠毒，要么溜须拍马，他们只要一出场，都是手执拂尘的白脸奸臣样。当代影视剧里的太监，大多是一帮面敷白粉，嘴唇涂红，捏着兰花指，说话娘娘腔的恶心家伙，让人一看就不是什么好东西。

其实在宦官中，既有汉朝"五侯"，唐朝李辅国、鱼朝恩、王守澄，明朝刘瑾、魏忠贤这些祸国殃民的家伙，也有汉朝蔡伦这样的科学家，明朝郑和这样的航海家，不能一概而论。总体而言，宦官作为一个庞大的群体，其中大多数人出身低微，命运可怜，再加上生理上的残疾，造成他们人格和心理的扭曲，使他们对权力异常渴求和贪婪，内心阴暗诡谲，一旦掌握帝国中枢权力，会释放出超乎想象的能量。如何驾驭和引导这种能量，决定权不在宦官，而是高高在上的皇帝手中。因为宦官只是皇帝手中的工具而已，它能为善，亦能为恶，皆在皇帝一念之间。

让我们把视线再投向明初永乐年间，成祖朱棣终其一生有一块心病难以消除，那就是建文帝的下落。有人说建文帝在南京城破之时，在宫中纵火自焚身亡，也有人说，他趁乱秘密潜逃，传闻有模有样，坊间不时有建文帝在某地出现的消息，尽管后来被一一证伪，但建文帝的下落一天不被证实，无论在民间还是在庙堂他的影响就无法彻底消除。这个死局，一直困扰着明成祖，令他寝食难安。

命运就像跟明成祖开玩笑，虽然打败了侄子建文帝，但他后半生却要一直活在建文帝的阴影里，没法走出来。为了使得自己即位更加名正言顺，成祖大量诛杀建文帝留下的遗臣，曾为建文帝出谋划策和不肯归降的文臣武将都遭到杀戮。齐泰、黄子澄、景清等被灭族，方孝孺下场最惨。

方孝孺为一代名儒，被称作"读书种子"，朱棣深知他在士林中的威望，所以想借他的文笔来粉饰自己，对方孝孺礼遇有加，希望由他草拟即位诏书。深受儒家思想影响的方孝孺自然不愿归附，严词拒绝。恼羞成怒之下，朱棣下令将方孝孺亲友学生八百余人全部处死，方孝孺成为中国历史上唯一一个被"诛十族"的人。

杀戮一旦开始，就很难停下来，朱棣从来不是一个慈悲为怀的人，死亡名单很长。

黄子澄，凌迟，灭三族。

齐泰，凌迟，灭三族。

练子宁，凌迟，灭族。

卓敬，凌迟，灭族。

陈迪，凌迟，杀其子。

……

山东布政使铁铉让朱棣在靖难之役中吃尽了苦头，所以朱棣对他恨之入骨，竟然下令将铁铉耳朵割下来煮熟，塞到他嘴里，还问好吃不，铁铉回道："忠臣孝子的肉有什么不好吃！"始终不肯屈服。朱棣恼羞成怒，命令将铁铉处以磔刑（就是将活人肢解），还不解恨，下令将铁铉妻、女，方孝孺女，齐泰妻，黄子澄妹没入教坊司为妓女。

明人笔记中有大量关于朱棣虐杀建文遗臣的记录，字里行间透出一股寒气，令人不由得后背发冷。

大肆杀戮并没有带给成祖安全感，事实证明他所做的一切都是徒劳，对自己的法统并没有带来多少自信。

在这场大屠杀中，都察院左副都御史陈瑛起到了推波助澜的作用。陈瑛天性残忍，利用御史监督百官的职权，不断迎合皇帝心思，使得屠杀规模不断扩大，侍郎黄观、少卿廖升、修撰王叔英、纪善周是修、按察使王良、知县颜伯玮等人无罪被牵连。

明成祖刚开始还有些质疑，逆臣真的有这么多？陈瑛连夜翻阅方孝孺等人的卷宗，设法将黄观、王叔英等人的名字也添加进去，使他们被判抄家，株连族人，哭声震天。陈瑛的所作所为连同僚们都看不下去了。

永乐元年（1403 年）陈瑛升为左都御史，愈加疯狂地诬陷揭发朝臣们。历城侯盛庸和长兴侯耿炳文在他的威逼之下，被迫自杀。

永乐二年，陈瑛弹劾曹国公李景隆图谋不轨，又弹劾李景隆的弟弟李增枝，称他明知李景隆有不臣之心却不劝谏，还多置庄院田产，蓄养佃仆，其心难测，将他们全部逮捕下狱。

陈瑛担任都御史数年，就像一只疯狗到处乱咬，弹劾的勋臣外戚、大臣不下数十人。而他选择弹劾的对象完全是揣摩皇帝的心思，凡是有大臣得罪了皇帝，他就冲上去攻击。顺昌伯王佐、都督陈俊、指挥王恕、都督曹远、指挥房昭、金都御史俞士吉、大理寺少卿袁复、御史车舒、都督王瑞、指挥林泉、牛谅、通政司参议贺银等人，先后被下狱问罪。

在皇帝眼里，陈瑛检举不阿权贵，公正无私，于是对他很是宠爱，但对他的性格也渐渐有了了解，觉得此人太过残酷。为了不使打击面太广，成祖并没有对陈瑛所有检举都批准，有一部分搁置了，这是变相暗示陈瑛，对他的做法不是太满意。

但是陈瑛还不清醒，在极端的道路上越走越远。有一次，一名将领押送粮食的船队在海上遇到了风浪，粮船全部沉没，这本来是完全不可预测的天灾，但陈瑛却上奏要求治罪。这一次，皇帝都看不过去了，便说海涛险恶，官军免于溺死已是万幸，怎么还能治罪呢？应该全部释放。

成祖北伐蒙古之际，太子朱高炽监国。御史袁纲、覃珩到兵部索要皂隶，兵部主事李贞一时没来得及答应，两人怀恨在心，便勾结陈瑛诬陷李贞受贿，李贞之妻击登闻鼓为丈夫诉冤，太子命六部大臣在朝廷会审，可是直到中午仍不见人，原来李贞因不胜拷打，已屈死狱中。

由于皇帝对陈瑛很宠爱，太子有所顾忌，只将袁纲、覃珩收押，陈瑛毫发无伤。陈瑛恃宠而骄，竟然连太子都不放眼里，对太子的命令拒不执行，气得太子撂下一句硬邦邦的话："卿用心刻薄，不明政体，很不符大臣之道。"

太子是未来的皇帝，陈瑛都敢惹，看来自己找死谁都挡不住。永乐九年（1411 年）春，陈瑛被下狱处死，他的日子走到头了。陈瑛后来名列《明史·奸臣传》，遗臭后世。

自此以后，明成祖觉得监察御史制度存在重大缺陷，有时候竟将自己也蒙在鼓里，于是开始寻找其他办法。这时有一个人出现在明成祖视野里，此人名叫纪纲。

纪纲，山东临邑人，此人早年不爱读书，是货真价实的纨绔子弟，惹得老师生气，被开除学籍。后来发生靖难之役，燕军路过临邑，他便去投奔。

纪纲善于察言观色，揣摩上意，迎合明成祖喜好，卖力替皇帝消灭政敌，很快纪纲升为锦衣卫指挥使，典亲军并掌诏狱。纪纲不愧是一把好刀，在诛杀建文帝遗臣的过程中，干活干净利索，绝不拖泥带水，深得成祖欢心，被视为心腹。

随着权力欲望的膨胀，纪纲胆子越来越大，倚仗皇帝的信任肆意妄为。他假传圣旨，用官船贩卖私盐多达数百万斤，所得利润皆进入私人腰包，但他还不满足，觉得这种方式来钱太慢。

后来纪纲又想出一个法子，诬陷京城富商谋反，指使手下进行敲诈勒索，商人大多胆小怕事，眼看着一个个王侯将相倒在锦衣卫屠刀之下，平民百姓哪敢惹，只好破财消灾，在双手献上家产之际，还要表现出心悦诚服，满心欢喜，如果稍微犹豫或者流露出抵触情绪，轻则倾家荡产，重则送进北镇抚司狱，受尽酷刑折磨，家破人亡。就这样，近百余家富商资产全部变成纪纲的了。

仅仅掠夺平常百姓，远远满足不了纪纲及其爪牙的胃口，他们还将黑手伸向外国进贡使者。

面对飞扬跋扈的锦衣卫，朝臣们受纪纲的淫威震慑，大多敢怒不敢言，但也有不买账的官员。永乐十二年（1414年），一名锦衣卫千户为非作歹，浙江按察使周新将其逮捕，谁料看守不严，让他逃了出来，一溜烟跑去向纪纲告周新的黑状。很快，周新被逮捕，打得体无完肤。周新拒不屈服，结果被冤杀。临刑前，周新大叫：“臣生为直臣，死当作直鬼！”

纪纲不但疯狂敛财，还介入皇储争夺斗争。

永乐八年（1410年），明成祖率军出征，曾经主编《永乐大典》的大才子解缙进京汇报工作，既然皇帝不在，解缙便去觐见了监国皇太子朱高炽。没多久，解缙被心怀夺嫡野心的汉王朱高煦以“私觐太子，企图搞串联谋反”

的罪名告发，朱棣命令锦衣卫彻查此事。解缙被关进锦衣卫大牢，此后，他仿佛就被遗忘了，在大牢一待就是好多年。

到了永乐十三年（1415年）正月，纪纲按惯例向朱棣呈报锦衣卫狱中在押人员名单，朱棣看见名单上有解缙名字，随口问了一句："解缙还活着呐？"纪纲一时没回过神来，不知皇帝话中含义，思前想后，觉得的皇帝意思是解缙怎么还没死，便决定让他早点死。纪纲把解缙带出来灌醉，然后扔到雪地里，可叹一代大才子最后被活活冻死。

阳武侯薛禄看上了一名美女道士，纪纲得知后也想抢过来，在争夺过程中，薛禄脑袋被纪纲用铁瓜敲破，差点一命呜呼。对于那种不肯听话的地方官员，纪纲更是随意安排个罪名，抓入牢中。

徐皇后死后，成祖从民间选取美女，纪纲先挑最美的留给自己，再把挑剩的送到宫里，慑于纪纲淫威，朝臣们竟然没有一个敢揭发。

人对权力的欲望是无止境的，纪纲后来甚至有了谋朝篡位的野心，在府里蓄养数百阉割了的童子作为太监服侍他，私藏皇冠龙袍，让手下高呼万岁。后来他不满足于偷偷过皇帝瘾，开始打造兵器盔甲，纠集江湖亡命之徒。

纪纲紧锣密鼓地为谋反做准备，同时，他想测试一下大臣们对他篡位的反应，看看究竟朝中哪些人是他的死对头，好提前一网打尽。

永乐十四年（1416年）端阳节，按照惯例，宫中进行射柳比赛，成祖和满朝文武都出席。纪纲和锦衣卫镇抚司的庞英预谋说："我故意射不准，你折下柳枝，高呼射中目标，看看有谁敢站出来指正。"

不出所料，比赛中纪纲没有射中柳枝，他的部下却欢声雷动，早已噤若寒蝉的大臣们都装聋作哑，这让纪纲喜出望外，以为改朝换代指日可待。

纪纲在射柳比赛活动上的表现，成祖看在眼里，内心非常震惊，但表面上不动声色。那一刻，成祖感觉到了一股前所未有的威胁，锦衣卫眼中分明只知有纪纲不知有皇帝。扬扬得意的纪纲没有觉察到,皇帝眼里已经流露出杀机。

两个月后,几个太监揭发纪纲谋反,纪纲很快被送进牢狱,在简短的审讯后便于当天凌迟处死,结案之快,在有明一代也是空前绝后,可见成祖想结果纪纲性命的心情之迫切,对他切齿之痛恨到了何种地步。至于几个深居宫中的太监是如何得知纪纲种种不法罪行,是没人会深究的。

锦衣卫指挥使纪纲谋逆事件,使得成祖对锦衣卫的信任大打折扣。御史靠不住,锦衣卫同样不好掌握,成祖决定成立一支由自己亲自掌控,使起来得心应手的特务组织,而由谁来负责领导它,思来想去,还是认为太监可靠。于是大明历史上赫赫有名的东厂应运而生,时为永乐十八年(1420年)十二月。东厂全称为"东缉事厂",办事衙门地点位于京师(今北京)东安门之北(一说东华门旁)。

东厂由成祖信任的太监统领,头领称为"东厂掌印太监",也称"厂公"或"督主",是宦官中仅次于司礼监掌印太监的第二号人物。通常以司礼监秉笔太监中位居第二、第三者担任,其官衔全称为"钦差总督东厂官校办事太监",简称"提督东厂"。东厂最初的职能是"访谋逆妖言大奸恶",就是监察百官及民间对皇帝不满的言论和行径,同时还肩负着监督锦衣卫的职责。作为督察和搜集情报的特务机关,如果不受到监督,就会侵蚀皇帝本身的权力,这是皇帝不能容忍的,因此让东厂和锦衣卫这两大特务机关相互监督制衡,才能保证皇权本身的安全。

在这里,有必要澄清一些误解。

一是宦官和太监的区别。一般人常常把宦官、太监混为一谈,等同于阉人。其实,阉人、宦官和太监尽管都供内宫驱使,但三者之间还是有很大不同。东汉以前,供侍内宫的宦官中既有阉人,也有士人。至东汉,宫廷之内宦官开始全部由阉人充任，不再由士人来担任，自此宦官与阉人开始等同起来。至于太监一词，始于辽朝，是负责朝廷器物铸造、宫室修葺、内廷供应采购等官署长官的称呼，辽朝的太府监、少府监、秘书监等设有太监，元朝继承辽制，各监也都有太监。明清时期，多有宦官担任太监，所以后世人将太监与宦官混淆。明朝太监一般是指担任高级职务的宦官，比如秉笔太监、掌印太监等等，至于太监成为宦官的统称那是到了清朝中后期的事了。

二是东厂并非全部由太监构成。现在许多影视剧中，东厂的人出面必定是敷粉涂唇的太监，而且都是武功诡异莫测的武林高手，善于使用绣花针之类的独门暗器，手段阴狠毒辣。其实历史上真正的东厂除了掌事的头领是太监，具体执行任务的都是从锦衣卫选拔的正常人。

不知什么原因，东厂首任厂公竟然连姓名都没留下来，成了一个历史谜团，或许由于成祖是位强势君主，东厂上下刻意保持低调，或许是首任厂公参与了绝对机密的政治事件，皇帝下令将有关他的所有档案彻底销毁，没给后人留下任何蛛丝马迹，所有这一切我们只能猜测了。不过东厂注定不会甘于寂寞，明代大太监王振、刘瑾、冯保、魏忠贤都曾统领东厂，许多决定大明朝政格局走向的大事中，都有东厂的影子。

任何一件新鲜事物的出现必有原因，东厂也不例外。东厂成立看似是皇帝意志的体现，是偶然因素使得它走上历史舞台，其实不然。在一般人的印象中，明清是皇帝集权的巅峰，具体事例可以掰着指头列出一大堆来，比如撤销丞相，设立东厂等特务机构，大兴文字狱等，抛开清朝先不论，就明朝而言，也许历史真相远比人们想象的复杂。

一切还要从明朝官吏制度说起。明朝的官职制度，是在汉唐等前朝制度基础上发展而来的，同时又做了较大调整变动。由于明太祖撤销丞相一职，六部尚书成了最高行政职务，处理国家大事。成祖时期，设立殿阁大学士，充当皇帝秘书班子，以备皇帝顾问。

随着时间的推移，后世继任皇帝们没了创业君主的气魄，缺乏拓土开疆建立不朽功业的宏图大志，只想关上门过自己喜欢的日子，做自己喜欢的事。皇帝也是人，也有个人爱好，历史上皇帝的爱好五花八门，像李后主玩诗词，宋徽宗玩丹青，唐庄宗玩票友，这种文艺范儿的东西，明朝皇帝一概不感兴趣。明朝皇帝的爱好很特别，比如世宗嘉靖皇帝喜欢道术，研究炼丹；熹宗天启皇帝酷爱木工活，手艺了得；神宗万历皇帝泡在宫里，几十年神神秘秘不上朝，据后世专家推测他有可能是在抽大烟。总之很多大明皇帝把个人爱好玩乐放在首位，当皇帝才是业余活动。

皇帝撂挑子，但国家大事总不能耽误，朝廷政务千头万绪总要有人处理，于是本来作为皇帝顾问和秘书的殿阁大学士权力不断扩大，尤其是内阁首辅成了没有宰相之名的宰相。内阁所有权力中，最重要的一项是"票拟"，具体来说就是每逢大事在奏章后面附上内阁的处理意见，名义上是仅供皇帝参考，其实无形中剥夺了部分皇权，对皇权形成一定程度的制约，如果赶上张居正这样强势的首辅，皇帝还要看他的脸色。

皇帝名义上高高在上，但内心也很憋屈，整天被内阁压着，还有一帮御史成天盯着，在耳边唠唠叨叨，说陛下这个不能做，那个不能干，想过个舒坦日子也是不容易，有些皇帝干脆罢工，采取不合作主义，以为这样大臣们就会轻易放过自己，可是他们太天真了，雪片似的奏章和唾沫星子就会淹死他们。

绝对的权力必然造成腐败，这个道理绝不是今天的人才悟出来的，古人早就懂得了权力的制衡。如果说朱元璋废除丞相，是杜绝了相权对皇权的侵蚀，那么随着内阁权力的不断扩张，皇帝迫切需要对它进行制衡，东厂此时应运而生，成为皇帝手中的利器。

小贴士：明朝司礼监制度

明朝的宦官机构主要有十二监四司八局，俗称"二十四衙门"，司礼监是二十四衙门中权力最大的机构。司礼监的权力有"掌印掌理内外章奏及御前勘合，秉笔、随堂掌章奏文书，照阁票批朱。凡内官司礼监掌印，权如外廷元辅，掌东厂，权如总宪。秉笔、随堂视众辅（《明史》）"，可见司礼监权力犹如外廷内阁，但它还掌握着一项抗击内阁的权力——批红。批红是指对内阁票拟用红笔进行批示，是国家的最高决策权，理论上，只有皇帝才有批红权力，但实际上，明朝中后期皇帝交付司礼监的掌印太监行使批红权，代替皇帝行使批阅阁臣奏章的权力，司礼监权力之大可见一斑。

第二章

东厂碰上锦衣卫

——合作与对抗

　　按成立时间来说，锦衣卫是大明特务界的老字辈，东厂成立较晚，理论上，它们都是为皇帝服务，双方应该是亲密无间地配合，携手并肩战斗，一起捍卫大明皇帝的统治才对，然而实际上，他们之间的关系并非如此简单。

　　在工作中，锦衣卫和东厂互不隶属，有相互协助的一面，但更多的是相互监督，相互掣肘制衡。在大多数情况下，东厂肩负着监督锦衣卫的职责，锦衣卫唯有仰望东厂鼻息，除非锦衣卫出了一位强势的指挥使，暂时压住东厂风头，但这是个例，并非常态。

　　自古以来，为了防止大权旁落，历代皇帝们煞费苦心。汉武帝征和四年（公元前89年）设立司隶校尉一职，下属一千二百名中都官徒隶，负责监督京城及地方官员，司隶校尉的设置一直延续到魏晋时期，南北朝时设侯官、唐朝时设内卫，不管名称怎么变化，它们的职责都是监督官员，防止不法或谋逆行径。

　　相对于前朝半公开化的特务机构，锦衣卫出现时，其身份是完全公开化的，当然从事具体刺探任务时处于隐蔽和地下。锦衣卫给后世的印象是一支神秘特工队伍，其实对当时的人来说，锦衣卫也很神秘。如果在离京城较远的一个城市，突然出现一支队伍，他们骑着高头大马，穿着华丽服饰，操着京城口音，不管他们的真实身份是谁，大家脑海中浮现的第一感觉就是：锦衣卫来了！这些可都是惹不起的主儿，赶紧走人。

　　其实，锦衣卫成立之初的目的是作为皇家仪仗队，正式名称叫作"大汉将军"，实际上就是皇帝用来撑门面的，所以挑选标准比较高，要求身材高大，仪表堂堂，声音洪亮，站在皇家宫殿丹墀之前，给人一种威风凛凛的感觉，让文武百官入朝时感受到皇家威仪。

　　锦衣卫扈从皇帝左右，多是由皇帝亲信来担任，所以使用起来也比较顺手，有些上不了台面的事，不方便让朝廷大理寺等司法机构出面，或者有意要避开司法机构的事，便让锦衣卫去处理，锦衣卫逐渐获得了刑侦缉查权力。锦衣卫的首任指挥使在史书中没有明文记载，但综合各种蛛丝马迹，应该是毛骧。毛骧早年追随朱元璋，明朝建立之前已经是检校的一员，既有丰富的工作经验又深得朱元璋的信任。

锦衣卫设立以来，只要朱元璋想完全撇开正常的司法程序杀某位官员，就交由锦衣卫办理，外廷的三法司形同虚设。胡惟庸案时，锦衣卫下属的镇抚司诏狱人满为患，大臣们每日战战兢兢，如履薄冰，生恐被锦衣卫盯上。

在声震朝野的"胡惟庸案""蓝玉案"等大案中，锦衣卫出了大力，但这些大案牵连太广，冤情不少，引来朝野非议，民怨沸腾。在审查李善长的时候，他想临死也要拉个垫背的，在口供中反咬一口，把毛骧拉进了"胡党"。朱元璋心里明白毛骧冤枉，但他何尝不明白胡惟庸和李善长也是冤枉的。

皇帝本人永远得是正确的，不可能承认错误，这个黑锅必须有人来背。此时，朱元璋觉得朝中的威胁势力基本已经铲除，所以很乐意就此顺水推舟。洪武二十年（1387年），朱元璋下令焚毁锦衣卫刑具，废除锦衣卫，所押囚犯转交刑部，内外狱全部归三法司审理，毛骧及其继任者蒋瓛皆作为弃子被轻飘飘抛出处死，以安抚民意。

锦衣卫是皇帝手中的利器，离开皇帝的支持，根本无法与朝中大臣相抗衡。锦衣卫的存在就是作为皇帝的耳目和爪牙，一旦被皇帝抛弃，生命也走到尽头了。

锦衣卫被废除了，许多活儿就没人来干，所以明成祖即位后，又恢复了锦衣卫，设了北镇抚司，专理诏狱，可以直接逮捕和拷问犯人，刑部、大理寺、都察院这些司法机关无权过问。

人一旦沉迷于滥用权力，就难以戒除。重生后的锦衣卫办事格外卖命，铲除异己毫不留情。

纪纲事件后，成祖觉得迫切需要一种力量来制衡锦衣卫，必须由绝对忠于自己的人来掌握它，于是四年后东厂成立了，头目由太监担任，成祖觉得只有身边太监才能保证绝对忠心。

在传统社会中，士大夫阶层是瞧不起太监的，其原因是士大夫们大多有着良好的文化素养，以维护道统为己任，以孔孟儒学继承者自居，有着齐家治国平天下的天然使命感。

反观深居大内深宫的太监们，其中绝大多数出身低微贫寒，谈不上受教育，文盲睁眼瞎占绝大多数，加上身体被后天人为造成残疾，内心有着深深的自卑感。在明朝，士大夫们是社会主流意识形态的引领者和传播者，他们的看法代表了社会的主流。受此影响，锦衣卫自然从内心中看不起东厂的那些太监们。加上设置东厂就是要分散锦衣卫的势力，加强对锦衣卫的监视，这就注定东厂和锦衣卫不会是一条心。

东厂成立之初，锦衣卫并没将这个内侍宦官领导的特务机构太当回事。对此，东厂大小头目们心知肚明，他们选择了低调，对锦衣卫也尽量团结与配合，东厂和锦衣卫过了一段不错的"蜜月期"。

既然选择了低调，就要低调到底，在东厂成立的头几十年中，史书上根本找不到他们的任何蛛丝马迹，甚至连东厂厂督的姓名都没有留下来，仿佛那几十年东厂的历史就是一片空白，根本没存在过。明景帝景泰年间的笔记《双槐岁钞》中，首次出现了东厂的影子。至于官方史书，直到明宪宗成化年间官修国史《明实录》中才有东厂的记载。

之所以出现这种奇特现象，首先是东厂成立之初根基还不牢固，不足以与锦衣卫全面抗衡。比如东厂早期并不像锦衣卫那样拥有自己的秘密监狱，它只有缉拿和侦察权力，并没有审讯权，缉拿的犯人交给锦衣卫审讯，与锦衣卫分工不同，两者之间交集比较少。

此外，明太祖内臣不得干政的遗训还在发挥一定影响力，迫使东厂宦官们不得不低调。明太祖为了防止太监干政，特地为后辈儿孙设置了许多"防火墙"，除了宫门口悬铁牌警示外，还采取了许多措施，其中重要一条就是不准太监学文化，因为文盲能力有限，无法处理繁杂的政务。

但选择低调，并不等于就甘心埋没。机会是留给有准备的人，毫无疑问，东厂当家的太监们就是这样一群人。太祖死后也不过数十年，宫廷对太监的管理开始出现松动。宫内有大量事情不得不依靠身边太监去办理，单靠愚民政策，用一帮睁眼瞎，肯定没法办好差。明宣宗时期，皇帝将有些事交给贴身太监帮忙做，然而一群文盲办事，效率低下，很难称心。宣宗认为剥夺太监受教育的权利是不合时宜的，提高太监文化素养是一件迫在眉睫的大事，便在宫内设置太监文化培训学堂——内书堂。

据明末太监刘若愚《明宫史》记载，内书堂读书"自宣德年间创建，始命大学士陈山教授之，后以词臣任之。凡奉旨收入官人，选年十岁上下者二三百人，拨内书堂读书"。在皇帝的亲切关怀下，内书堂师资队伍可谓超级豪华，其中领衔首席教师竟然是当时的大学者陈山，教师队伍大多是来自翰林院的饱学之士，讲授内容为四书五经这些儒家经典，与普通士人学习内容并无二致，如此高级讲师团授课，教出的学生自然不会差到哪里去。老师们教得尽心，太监们学得用心，双方都不敢有丝毫马虎。

源源不断的高素质太监在这些大儒辛勤教导之下培养成长起来，委派到内廷各个岗位，其中不少人走上东厂领导岗位，然后用老师教授的知识来和老师及其弟子组成的外廷朝臣官僚斗个你死我活，不能不说是个莫大的讽刺。

东厂正因为是太监掌管，有着锦衣卫所不具备的优势。出任东厂厂督的太监大多是皇帝的心腹，曾在皇帝身边长期服侍，对皇帝的心思揣摩了解得透，知道皇帝喜欢什么，厌恶什么，所以他们知道如何迎合皇帝去办差，更重要的是，他们可以自由出入宫禁，随时向皇帝奏事。跟东厂这些优势一比，锦衣卫的劣势就很明显了。搞情报很注重时效性，锦衣卫搜集到了重要情报，无权直接向皇帝报告，只能通过司礼监太监转达，能不能第一时间向皇帝奏报，或者如何奏报，完全要看司礼监太监的心情了。

对锦衣卫的奏报，司礼监充当过滤器的作用，凡是对太监或者东厂不利的都会压住不报，或者直接驳回。要知道东厂掌印太监往往由司礼监二号或三号人物出任，有时候甚至由司礼监掌印太监本人兼任，胳膊肘往外拐的傻事自然不会做。常出现这样情景，司礼监将锦衣卫辛辛苦苦得来的功劳记在东厂名下，面对这种情况，锦衣卫有冤难伸，打掉牙也只能和血往肚里咽了。

锦衣卫处处受到东厂节制和打压，在绝大多数情况下，锦衣卫见了东厂自觉气焰矮了半截。自从东厂设立以后二百多年，锦衣卫再也没出过像纪纲那样敢于挑战皇权的指挥使，但历任锦衣卫指挥使大多得以善终，没有落得像纪纲那般下场。

不得不说，东厂很好地履行了它的使命，尤其是在明朝中期以前，朝局能够保持均势稳定，东厂发挥了很重要的作用，对遏制贪腐也发挥了一定功效。无论是锦衣卫、东厂还是内阁大臣，就其中个体而言，不乏道德高尚的人，也不乏大奸大恶之徒。但如果作为一种政治力量，他们在道德天平上并无高下之分。在维护皇权这一终极目标上并没有根本歧义，他们存在的差别，仅是采取的手段不同而已。在维护皇权这个前提之下，尽量将自己的利益最大化。毕竟蛋糕有限，唯有想方设法扩张势力，才能在残酷的政治斗争中生存下去。

不过总体来说，自从成祖去世以后，东厂和锦衣卫都比较低调，这主要和明仁宗和明宣宗两代皇帝对特务机关刻意打压有关，直到明英宗即位后，这种情况才出现转变。

锦衣卫首先登场，正统三年（1438年）四月，大明王朝的最高公务员录取考试——殿试正在举行。理论上，殿试由皇帝亲自担任试卷出题人和主考官，不过当时明英宗还是个十二岁的孩子，指望他全程监考这些成年人显然不可能，他象征性出席了一下，就跑出去玩了。

主考官不在了，考试秩序很快失控，打暗号、传纸条，各种作弊手段纷纷亮相，后来考生干脆来回走动，相互交流，现场一片混乱。殿试乃国之重典，出现如此混乱的局面，朝廷颜面无存。

内阁奏请太皇太后张太后，令锦衣卫指挥使刘勉将涉案一干人等捉拿归案。负责现场监考和阅卷的监察御史赵全、编修谢连由于失职，被逮捕到诏狱，一场科考舞弊案被锦衣卫雷厉风行地平息。当时锦衣卫指挥使刘勉、徐恭谨慎守法，在史书上留下美誉。

随后东厂开始崛起，逐渐将锦衣卫踩在脚下。名义上，厂卫不分高下，但锦衣卫昔日风光不再，见了东厂太监们点头哈腰，巴结奉承。到了明英宗正统后期，锦衣卫指挥使马顺，竟然认东厂掌印太监王振为干爹，甘愿沦为东厂走狗。

后来发生土木堡事变，英宗本人被俘虏。消息传到北京，朝野哗然，群情汹涌。大殿之上，监国郕王朱祁钰毫无主见，一脸茫然，自始至终一言不发。大臣们七嘴八舌，也说不出个子丑寅卯来，只能把所有罪责推给东厂厂公王振，控诉他仗着英宗的宠幸，操纵东厂，把持朝政，将朝廷搞得乌烟瘴气。反正王振此时早已被护卫将军樊忠用铁锤捶死，死人是没法反驳的。

大臣们正在发泄心中不满的时候，锦衣卫指挥使马顺很不识相地站出来了。或许是长期以来依仗着王振权势作威作福惯了，他对众臣大声呵斥："都瞎嚷嚷什么呀！"一句话将群臣彻底激怒了，积压在胸中的怒火犹如火山一般爆发了，户科给事中王竑脾气急躁，性格耿直，早就看王振一党不顺眼，现在王振已死，马顺还敢如此嚣张，不由得怒上心头，冲上前去抓住马顺的头发，先用手中的朝笏劈头盖脸地向马顺打去，顺便咬下了马顺脸上的一块肉。

王竑动手起了示范效应，大臣们立刻蜂拥而上，将马顺团团围住拳打脚踢，无数双拳头、无数只脚冲向马顺，转瞬之间马顺已经是遍体鳞伤。等群臣们停止拳脚时，他早已一命呜呼。

堂堂锦衣卫指挥使竟然被一群文官围殴致死，面对这些不肖后辈，开创锦衣卫的那些特务大佬们如果地下有知，肯定会被气活过来。

英宗正统年间，东厂在王振带领下势力如日中天，达到了锦衣卫无法企及的高度。土木堡之变以及各种遭遇，使英宗改变了看法，复辟之后他一改以前做法，打压东厂，倚重锦衣卫。这与英宗本人的性格也有关系，他是位重感情的皇帝。正统年间，东厂得势是由于英宗依赖王振，天顺年间，重用锦衣卫同样是因为一个人——袁彬。

事情还要从英宗被瓦剌也先俘虏说起。原本高高在上的九五之尊一下子沦为阶下囚，从云端坠入谷底，蒙古草原刺骨的寒风让英宗常在半夜冻醒，羊肉的膻味难以下咽，而原先在身边的侍从大多逃散，只有袁彬留在英宗身边不离不弃，无微不至地照料着这位落难皇帝。面对冻得瑟瑟发抖的皇帝，袁彬解开衣服，将英宗双脚放在自己胸膛上取暖。瓦剌人逐水草而居，每当转移牧场，英宗经不起折腾，袁彬便背着皇帝赶路。苦难的生活使得英宗意志消沉，整日长吁短叹，袁彬则反复开导，坚定英宗回国的信心，君臣之间在患难之际建立了深厚的感情。

就在英宗和袁彬在蒙古大草原流浪之际，朱祁钰被兵部尚书于谦等拥立称帝，改元景泰，是为景泰帝，亦称作明景帝，或明代宗。也先见明朝另立皇帝，觉得英宗作为和大明讨价还价的筹码已大为贬值，再也无法要挟明廷了，只好将英宗放了回来。

景泰元年（1450年）的八月十五日，恰逢中秋佳节，英宗朱祁镇在袁彬陪同下，终于返回北京城。阔别一年后，兄弟俩重逢了，拉着手，流着泪，说不完的知心话。最后，泪流够了，话也说得差不多了，景帝将英宗尊为太上皇，送进南宫软禁起来。这就是政治现实，冷酷无情。

袁彬在蒙古草原上誓死保护英宗，劳苦功高，按理说应该提拔重用才是，但最终也不过是被授予区区锦衣卫百户，调离英宗身边，攥回家拿份工资混日子去了。

明景帝这样做，就是让世人明白，如今大明帝国究竟谁说了算，如果站错队，跟错人，就算有再大功劳也白搭。

鉴于王振在正统朝的肆意妄为，明景帝对东厂进行了适当的打压，同时对锦衣卫进行大换血。锦衣卫这样重要的机构必须掌握在自己人手里才放心，于是他任命心腹卢忠为锦衣卫指挥使。

卢忠上任后，很快侦破了一件要案，而且牵扯到太上皇朱祁镇。

原来朱祁镇软禁期间日子过得很苦，连正常开销都很难维持，为此皇后钱氏不得不做些针线活贴补家用。此时，身边太监都狗眼看人低，对朱祁镇不冷不热，为了讨得太监欢心，朱祁镇将自己的一把宝刀送给景帝派来监视南宫的太监阮浪，谁知阮浪并没拿它太当回事儿，很快转手送给了自己的贴身太监王尧。王尧是个爱显摆的人，拿着刀到处炫耀，很快被卢忠得知，卢忠感到事态严重，不敢怠慢，立马报告给景帝，景帝一听这还了得，这不是明摆着朱祁镇可以对外传递消息吗！下令彻查。

虽然此事后来在大学士商辂和司礼监太监王诚一再劝阻之下，最终作罢，但此后景帝进一步加强了对南宫的监控，甚至不惜将宫内的树砍掉。

朱祁镇惶惶不可终日，本以为自己会就这样老死宫中，谁料命运的戏剧性还未结束。

自古一朝天子一朝臣，景帝朱祁钰即位后，着力培养自己的一套班子，比如兵部尚书于谦等备受信任，相应的，朱祁镇丢了皇位，当年正统朝的许多大臣也失势了。

没有人甘愿主动放弃自己的利益，失势的大臣们自然心中不满，于是朝中逐渐形成了两派，一派是忠于皇帝的，另一派是忠于太上皇的，当然大多数人属于骑墙派。

对于群臣中存有二心的，景帝自然是心知肚明，于是加强东厂掌控，提拔奉御（正六品太监）阮伯山为"掌东厂官校行事太监"，从锦衣卫抽调一部分精干力量给阮伯山，加大侦察缉拿力度，威慑奸佞之辈。

阮伯山为人正直，据商辂撰写的《西山净明禅寺兴造记》记载，他在正统年间就检举了不少不法官员。阮伯山上任以后，东厂缉事权力得到加强，不断加大对不法官员的缉查，朝廷内那些持观望态度、首鼠两端的人不得不收敛起来。东厂在景泰朝初年，对稳定政局起了很大作用。

但随着阮伯山在景泰四年（1453 年）去世，东厂内部缺少有力的监管，开始出现一些滥用职权的事。

古代社会读书人是不大瞧得起倡优的，认为那些人是轻贱之辈，据明人笔记《双槐岁钞》记载，当时有个优人（戏剧演员）张甚大概受到了士人的蔑视，不知用什么办法勾结上东厂，疯狂打击报复，不少人受到牵连。

此时，朝堂上也开始出现了微妙变化。

当初也先率领蒙古大军围困北京，幸亏兵部尚书于谦力挽狂澜，率领军民坚持抵抗，使得大明帝都没有被攻破，赢得了最后的胜利。于谦，字廷益，号节庵，杭州府钱塘县（今浙江省杭州市上城区）人，永乐十九年（1421 年）进士。

明成祖晚年对于立太子一事一直犹豫不决，这让有些人觉得有机可乘。汉王朱高煦在靖难之役时屡立战功，成祖也觉得朱高煦很像自己，果敢有为。

朱高煦自以为有了皇帝老子撑腰，常做一些违法乱纪的事，野心也日益滋长。

立太子时，有人就提议立朱高煦为太子，但最终成祖还是立长子朱高炽为太子，巨大落差让朱高煦很不满意。成祖死后，朱高炽即位，是为明宣宗。

宣宗宣德初年，不甘心失败的汉王朱高煦发动叛乱，当时担任御史的于谦跟随宣宗前往平叛。叛乱很快平定，朱高煦投降。

宣宗让于谦宣读朱高煦的罪行，于谦义正词严，声色俱厉，骂得朱高煦抬不起头，两股战战，趴在地上哆嗦，自称罪该万死。对于于谦的表现，宣宗很满意。于谦后来被委派巡按江西时，平反了不少冤狱，很受老百姓欢迎。

王振专权那段时间，大肆受贿，无论地方还是中央官员，无不对王振谄媚巴结。许多地方官为了办事，不得不献上金银礼物，动辄几百两，甚至数千两，只有于谦不给面子，没有献给王振任何东西。

有些人好意提醒他，说知道你是个穷官，拿不出银子来，那起码带点土特产意思一下。于谦听后微微一笑，亮了一下他的双袖，说只有两袖子清风，拿什么来孝敬呢？王振得知后，把于谦恨得咬牙切齿，但是苦于一时找不到把柄，只好作罢。

于谦备受万人敬仰，景帝朱祁钰也对他非常信任。皇帝面前的大红人，谁都想巴结讨好，于是到于谦府上巴结的队伍排成了行，里头就有武清侯石亨。

石亨早年在边关抗击瓦剌，屡立战功，后来经于谦推荐，掌管五军大营，晋升为右都督。在北京保卫战中，立下赫赫战功，得以封侯。石亨之所以有今天，于谦帮了很大忙，出于人之常情，也为了讨好于谦，他为于谦儿子请功。然而，于谦为官清廉，根本不吃这一套，严词拒绝，还把石亨狠狠责骂了一顿，说他不应将私人感情带到朝廷人事变动中，更不能徇私枉法。

按理说，这件事于谦的做法令人肃然起敬，石亨也没多大过错，但石亨就是个投机小人，他觉得自己热脸贴到冷屁股，从此对于谦由满怀感恩转变为恨之入骨。

此外，还有一个人也对于谦怀恨在心，此人便是左都御史徐有贞。徐有贞是明清之际非常有名的书法大家，当时许多高官显宦都以徐有贞书写墓志铭为荣。在徐有贞书写的众多墓碑中，有一方叫作《锦衣卫千户李君妻权厝墓志铭》的碑刻流传至今，该碑不但书法艺术价值很高，还有很高的史料价值，碑文中提到了明成祖设立东厂的经过，对研究东厂历史提供了宝贵的资料。

徐有贞很有才，但为人不怎么样。他本名徐珵，字元玉，吴县（江苏吴县，今已撤销）人。也先大军南下之际，他惊恐万分，建议朝廷迁都南京，被于谦视为在国难之际动摇军心加以严厉斥责，他羞愧不已，后来改名"有贞"，但从此对于谦怀恨在心。

太监曹吉祥本是王振老部下，善于察言观色和揣摩主子心思，尽管大明皇宫换了皇帝，但曹吉祥地位稳如泰山，依然深得景帝欢心。曹吉祥仗着皇帝的信任，没少做为非作歹的勾当。当时于谦执掌朝政，屡次打压曹吉祥，曹吉祥没少在景帝耳边说于谦的坏话。不过好在景帝对于谦深信不疑，曹吉祥的煽风点火根本不起作用，他只好暂且将满腔嫉恨压在心里。

为了对付共同的政敌于谦，石亨、徐有贞、曹吉祥走到一起，并进行了明确的分工，曹吉祥负责内官的情报，徐有贞负责掌握外廷的动向，石亨负责在关键时刻的武力保障。三人觉得只要有于谦在，他们就没出头之日。不过所有人都知道于谦的后台是景帝，所以要扳倒于谦，就必须要朱祁钰倒台。

这似乎很难，因为皇帝不会自动辞职，另外景帝才二十出头，未来的路还很长，看上去石亨他们翻身的机会很渺茫，然而凡事都有个万一，谁料到年纪轻轻的景帝突然染上重病，一病不起。

在这之前，景帝已将英宗的太子朱见深废掉，改立自己的儿子朱见济为储，没想到朱见济福薄，没多久便死了，现在景帝一旦驾崩，皇位毫无疑问又会落到朱见深手中，但朱见深年幼，恐怕难以撑起如今乱局。石亨三人马上意识到机会来了！与其让朱见深登基，不如拥戴英宗复位。

景泰八年（1457年）正月，趁着景帝病危，京师团指挥石亨、翰林侍讲徐有贞与太监曹吉祥在石亨家中密谋，拥护英宗复辟。与此同时，于谦、胡濙、王直等人商议，打算让朱见深复立为太子，并让内阁首辅商辂写好奏折，只等在朝会时报请皇帝批准。如果于谦等人先行一步，就没徐有贞他们什么事儿了，因为英宗总不能从儿子手中争夺皇位。可惜的是，历史把机会留给了徐有贞等人。

正月十六日夜间，徐有贞提前进入朝房，石亨等率家兵千余人潜入长安门，曹吉祥做内应，直接进入南宫迎接英宗。英宗在曹吉祥、石亨等人的护卫下，乘轿进入皇宫。

这一夜，对于许多大臣和普通的北京百姓来说与往日没有区别，一如既往地平静安详，殊不知此刻在紫禁城内发生了翻天覆地的变化。

天色发白，曹吉祥敲响上朝钟鼓，开启奉天殿殿门。大臣们还以为景帝病情好转，登殿视朝了，谁知迈步进入大殿，抬头一看，发现宝座换了主人，坐在上面的是英宗。

群臣一时间没缓过神来，不知道发生了什么事，面面相觑，不知所措。徐有贞趁机高呼："太上皇复位了，还不拜见？"

事已至此，群臣无奈，只得接受既成事实。八年之后，英宗终于再次端坐在奉天殿宝座上，重新成了大明皇帝，史称"夺门之变"，亦称作"南宫复辟"。

曹吉祥因为策划参与"南宫复辟"有功，很快成了英宗跟前的红人，备受宠爱。英宗复辟成功，对拥立他的人论功行赏，曹吉祥被任命掌管司礼监，钦晋封昭武伯，总督三大营，掌握了京城的军政大权，嗣子曹钦，侄子曹铉、曹铎、曹镛等都被任命为都督，倚仗曹吉祥冒功，得以当官的人成百上千。

东厂属于司礼监下属，理论上，曹吉祥此时也该有权指挥东厂，电影《新龙门客栈》的东厂大太监曹少钦原型就是曹吉祥，但需要说明的是曹吉祥本人并未担任过东厂掌印太监。

眼看曹吉祥得势，一时间曹府门前华盖云集，车水马龙，跑官要官的人和车辆造成了交通堵塞。曹吉祥开出的条件也很简单，有没有才华无所谓，就看出多少银子，一切都是明码标价，走市场化路线。

朝廷内不乏正直官员，坚决不向曹吉祥行贿。许多官员没多久便接到调令，收拾行李离开北京，到地方担任个芝麻绿豆官，毫无疑问背后都是曹吉祥捣的鬼。

曹吉祥和石亨不但卖官鬻爵，还搞非法征迁，不断将北京郊区的农民从土地上撵走，然后将土地据为己有。御史吴祯弹劾二人的不法行为，检举没有成功，还被曹吉祥打击报复，被贬职为县令。

日子久了，对朝堂上不断发生的大规模人事变动，英宗不可能毫无察觉，只是念在曹吉祥夺门之变有功，不便公开打击，唯有扶持内阁对他进行抑制，希望他明白过来，稍加收敛。

就在此时，曹吉祥一党内部首先起了内讧，曹吉祥、石亨、徐有贞三位曾经同一战壕的政治盟友开始闹掰了。

当初他们为了共同政敌于谦才走到一起，本身并非铁板一块。英宗复位后，他们之间的结盟很快由于利益缘故出现裂痕，御史张鹏等人趁机弹劾曹、石。曹、石二人虽然有矛盾，但属于分赃不均的内部矛盾，有了外敌，他们又重新抱团，集体反击，跑到英宗面前告黑状。徐有贞此时早已进入内阁，对曹、石二人所作所为嗤之以鼻，曹石二人索性一不做二不休，打算借机将内阁辅臣徐有贞、李贤拉下马。

英宗受曹、石蛊惑，将张鹏等众御史及徐有贞打入诏狱。曹、石的做法，或许连老天爷都看不下去了，就在这时承天门发生了火灾。英宗很惶恐，认为这是上天警诫他，所以有必要向上天告罪，便让阁臣岳正草拟罪己诏。

岳正为人正直，敢于说真话。有一次，他在英宗面前讨论问题，也许是过于激动，口水都喷到了皇帝龙袍上。岳正早就对曹、石的做法满腔怒火，在写诏书之际，字里行间直指曹、石等佞臣。

"乃者承天门灾，朕心震惊，罔知所措。意敬天事神，有未尽欤？祖宗成宪有不遵欤？善恶不分，用舍乖欤？曲直不辨，刑狱冤欤？征调多方，军旅劳欤？赏赉无度，府库虚欤？请谒不息，官爵滥欤？贿赂公行，政事废欤？朋奸欺罔，附权势欤？群吏弄法，擅威福欤？征敛徭役太重，而闾阎靡宁欤？谗谄奔竞之徒幸进，而忠言正士不用欤？抑有司阘茸酷暴，贪冒无厌，而致军民不得其所欤？此皆伤和致灾之由，而朕有所未明也。今朕省愆思咎，怵惕是存。尔群臣休戚惟均，其洗心改过，无蹈前非，当行者直言无隐。"

曹、石二人也拿这次火灾做文章，借力打力，打击对手，指使党徒钦天监侍郎汤序上奏英宗，说承天门之所以着火，是由于朝中有奸臣作祟，要求铲除奸臣，匡扶正气。这可真是典型的贼喊捉贼。

这时有人写匿名检举信告发曹吉祥，曹吉祥恼羞成怒，要求皇帝出榜文捉拿写信人，英宗一时犯糊涂命人出榜，恰逢岳正碰上此事，当时便指出，出榜拿人是刑部等有关部门的职责，自古哪有天子亲自出榜抓人的，这是自降身份，传出去还不贻笑天下，英宗听后想想也是，便作罢了。

其实在这之前岳正就和曹、石二人结下了梁子。

石亨的侄子石彪镇守大同，为了邀功请赏，派人到朝廷谎报战果，说在某次某地与蒙古人的战斗中，斩杀敌人无数，同时俘虏了大批的敌人，只是从大同到北京路途太远，不能押到北京献俘，便在当地树林中就地正法了。岳正闻言马上站出来，从地图上指出当地全都是沙漠，哪里来的树林，石彪明显是在谎报军情，这等于直接打了石亨的脸。

岳正在此事后，就对英宗指出，曹吉祥、石亨权柄太重，应该加以节制，并设法离间他们。英宗便让岳正去离间曹石二人，奈何岳正这种正人君子不适合做这种腹黑的事，离间表演手段太低级，在曹吉祥、石亨这种厚黑学大师面前很快露了原形，被轻易识破了，反而搞得英宗很尴尬，差点下不了台。

有了以前结下的梁子，石亨、曹吉祥不会放过任何攻击岳正的机会。诏书一颁布，石亨、曹吉祥马上反击，说当今明明是太平盛世，却被岳正说得一文不值，这分明是抹黑圣明的皇帝陛下，贬低当朝大臣，借机抬高身价，标榜自己。

英宗经不住蛊惑，很快将岳正罢官，贬为钦州同知，此时距离他入内阁还不到一个月。石亨、曹吉祥依然不解恨，岳正在赴任途中回家看望了老母亲，便诬陷岳正擅自做主，耽误赴任，是对朝廷不满，再次将岳正改判流放大西北的肃州。

曹、石的气焰越来越嚣张，惹得路人侧目，英宗也开始忌惮他们。只是英宗本人比较念旧，觉得他们在夺门之变帮助自己复位有功，不忍心下手。

在和首辅李贤闲谈中，他说出了自己的顾虑，李贤当时马上说："皇位本来就是陛下的，当时郕王（即明景帝）病重，他去世后，您复位本来是顺理成章的，曹吉祥迎接您也是应该的，何来夺门一说，他们又有什么理由向您一再讨要封赏？"

英宗听后觉得有理，便觉得自己不欠曹吉祥他们什么了，逐渐将在夺门之变中冒顶封官的四千多人全都开除，并要求在以后的正式文件中不准再提"夺门"二字，对曹吉祥也开始逐渐疏远。

曹吉祥总督三大营，掌握军政大权，而且和东厂关系密切，英宗对他还是很有顾虑，想要扳倒曹吉祥，只有借助锦衣卫的力量。

英宗首先想到的是袁彬，自从经历过土木堡之变时的共患难，君臣二人感情比较深。一次袁彬看上了前首辅商辂的老宅院，便向英宗提出想要这座院子，英宗二话没说马上批准，后来袁彬娶妻，英宗命国舅孙显宗做主婚人，让婚礼办得风风光光。闲暇之时，还时不时请袁彬入宫拉拉家常，追忆当年在一起共同经历的患难岁月，气氛十分融洽。

英宗提出希望袁彬来主持锦衣卫，不过袁彬为人比较低调，不愿意揽权，主动推辞。他在经历这么多年大起大落之后，把一切看淡了，只想过几年安稳日子。

袁彬既然不愿再抛头露面，英宗便让门达、逯杲主持锦衣卫工作。门达是锦衣卫指挥使，名义上是逯杲的上司，但逯杲太强势，使得门达在他面前也只有唯唯诺诺的份儿。

逯杲、门达是夺门之变中的功臣，说起来还是曹吉祥推荐给英宗的人选，但他们上任后大玩无间道，将石亨、曹吉祥打了个措手不及。锦衣卫在正统朝被东厂压得抬不起头，几乎沦为东厂的仆从，自从门达和逯杲掌控锦衣卫后，在皇帝暗中撑腰之下，锦衣卫势力鹊起，大有将东厂碾压的架势，直逼纪纲主持锦衣卫的永乐年间，锦衣卫再次迎来黄金时代。

此前，在景帝景泰年间，一度由于谦女婿朱骥担任锦衣卫指挥使，朱骥为人和岳父一样正直厚道，他废除了许多酷刑，很少兴办冤狱。在他主持锦衣卫那段日子，镇北司大狱内有了难得平静的一段岁月，那段时间也是锦衣卫有史以来在民间享有很高美誉的时光。

但如今这一切都过去了，在逯杲、门达带领下，锦衣卫恢复了它本来的面目，开始大肆勒索钱财，敲诈百官，不知多少人家被逼得家破人亡，倾家荡产。

彭城伯张瑾老婆死了，他以家里办丧事，心情过于沉痛为理由不去上朝，在府里和一些公侯们纵酒享乐，被逯杲派出去的特务发现，马上上奏朝廷揭发，张瑾差点被罢官问罪。

紧接着，逯杲诬陷弋阳王朱奠壏母子乱伦，这种事很难查实，浑身是嘴都说不清，朱奠壏母子二人只好悬梁自尽，以死证明清白。逯杲下令将二人尸体焚烧化成灰。

看到逯杲咬人咬得如此丧心病狂、肆无忌惮，石亨和曹吉祥很满意，但他们高兴得太早了，因为逯杲这条恶犬的狗绳握在皇帝手里。

很快锦衣卫揭发石亨的侄子石彪家里私藏蟒袍，还大肆招兵买马，勾结瓦剌人，企图作乱，石彪被捕下狱。

石亨受侄子石彪牵连，也被关进诏狱，没过多久便死在牢中。石亨一死，曹吉祥便少了一个有力的盟友和帮手，难免兔死狐悲，也开始察觉到皇帝对他的不满。

曹吉祥觉得再这样下去，他的结局就会和石亨一样惨，与其等死不如殊死一搏，心想自己既然能够把英宗扶上去，同样也能将他拉下来，便想再发动一场夺门之变，改写历史，开创太监称帝的历史先河。

仅仅自己做皇帝远远不够，皇位最大的魔力是可以传至子孙后代，曹吉祥不通文墨，历史知识有限，对于自己子侄能否做皇帝心里没谱，便向亲信们询问历史上有没有太监子弟做皇帝的。皇帝这位置，如果不能传之后代，就大打折扣了，而这恰恰是太监最大的短板。

门客冯益知道曹吉祥心思，便马上回道，曹家就出过先例啊！曹吉祥忙问是谁，冯益答三国时候曹操便是，于是曹吉祥铁了心造反。

恰好此时，甘州、凉州战事吃紧，英宗命怀宁侯孙镗西征，大军即将开拔。如此一来，京城将出现空虚，曹吉祥便决定发动政变，废除英宗。办法还是老办法，完全复制夺门之变，曹吉祥在宫内接应，曹钦率兵攻打紫禁城，企图里应外合，一举改朝换代。

曹钦手下有一帮子蒙古雇佣军，战斗力很强悍，他为了鼓舞士气，在发动叛乱前特意把大家召到一起饮酒，做战前动员。蒙古雇佣军中有一名都指挥叫马亮，他感到事关重大，便偷偷溜出来到朝房通报消息，当时朝房内怀宁侯孙镗和恭顺侯吴瑾值班，他们马上将消息传到英宗耳中。英宗获知后大惊失色，下令立刻封闭城门，捉拿曹吉祥一党。

曹钦反应过来时，为时已晚。他觉得如此重要的时刻，锦衣卫竟然袖手旁观，不提供情报支持，便骑马暗袭逯杲府邸，杀了逯杲，然后提着逯杲脑袋跑到朝房，逼首辅李贤作证他是被逯杲逼的。闹出如此大动静还想撇清关系，这不是拿天下人当白痴么？

此时孙镗已派兵围困叛军，曹钦手下党徒们一看大势已去，便作鸟兽散，走投无路的曹钦投井自杀。三天后，曹吉祥也被碎尸街头。

纵观曹吉祥整个叛乱，东厂没有发挥任何作用，在史料中没有留下片言只语。曹石之乱表面看是曹吉祥权欲膨胀造成的，其实更深层的原因是东厂与锦衣卫斗争落于下风，被逼铤而走险。夺门之变后，经历过人生大变故的朱祁镇更加倚重锦衣卫侦缉官民，"以为慑服雄奸之具"。朱祁镇非但不倚重东厂太监，还反过来利用锦衣卫刺探宦官。锦衣卫再度威风起来，对东厂形成了强势压迫，这在某种程度上导致了曹吉祥的谋反。

英宗朱祁镇驾崩之后，他的儿子宪宗朱见深一反其父做法，重用东厂宦官，东厂势力再次崛起。

东厂和锦衣卫之间的地位高低主要取决于皇帝本人的意愿，皇帝更偏向哪边，哪边自然强势一些。总之，东厂和锦衣卫就好比皇帝手中的两条恶犬，绳子永远操控在皇帝手中，皇帝叫它们咬东，它们绝不敢吠西。这两条恶犬之间为了抢骨头，难免有一番明争暗斗，但明面上不会撕咬到皮开肉裂的地步，毕竟要照顾主人的颜面，不然大家的日子都不好过。于是，东厂和锦衣卫之间既讲联合团结，又争斗不休，总体维持着斗而不破的局面。

小贴士：东厂机构编制

东厂的头领为钦差掌印太监，职衔全称为"钦差总督东厂官校办事太监"，简称"提督东厂"，尊称为"厂公"或"督主"。初设时由司礼监掌印太监兼任，后改由司礼监秉笔太监中位居第二、第三者担任。东厂的属官有掌刑千户、理刑百户各一员，由锦衣卫千户、百户来担任，称"贴刑官"。隶役（称"掌班""领班""司房"共四十余人）、缉事（称"役长"和"番役"）等军官由锦衣卫拨给，分为子丑寅卯十二颗，颗管事戴圆帽，着皂靴，穿褐衫，属从靴帽相同，但穿直身。具体负责侦缉工作的是役长和番役，役长又叫"档头"，相当于小队长，共有一百多人，也分子丑寅卯十二颗，一律头戴尖帽，足着白皮靴，身穿褐色衣服，系小绦。役长下属番役数名，番役亦叫"番子"，或称为"干事"，由锦衣卫中挑选的精干分子组成。东厂每月初一布置当月侦缉工作，具体分配抽签决定。

第三章

土木堡之变的背后

——玩火的王振

　　大明正统七年（1442 年）十月十八日，太皇太后张氏去世。昔日金碧辉煌的紫禁城变成了素白的世界，到处飘扬着挽幛，宦官和宫女们忙得团团转，每张脸上愁云密布。老太后灵柩暂时停放在坤宁宫，灵前跪满了皇室成员和大小朝臣，号啕大哭和低声抽泣相互交织，弥漫在皇宫上空。英宗朱祁镇此时刚满十六岁，换了现在也就是个高中生，面对突如其来的变故，除了哭得死去活来，也拿不出个像样的主张。

　　朱祁镇即位时年仅九岁，端坐在宝座上张望着大殿下黑压压一大片跪倒的满朝文武，心里慌乱得不知如何是好，差点在龙椅上尿了裤子。由于过于紧张，皇帝的小手变得冰凉，这时一双温暖的手紧紧地握住了他，朱祁镇顿时感到一股温暖，他用热切的眼神看了看身边这个关键时刻向他伸出援手的人，眼中饱含感激之情。他从对方眼中读出了关切和鼓励，感觉自己有了主心骨，他心情平静下来。这个安抚他的人正是朱祁镇身边的贴身太监王振。

　　一般来说，宦官入宫大多在幼年，因为年幼阉割，伤口容易愈合，身体恢复也快，但王振不同，他入宫时已成年。王振是蔚州人（今河北蔚县），早年读过几年书，由于天赋不高，加上不肯用功，所以学问稀疏没什么成就。在明朝，一个普通庄户人家子弟想要出人头地，唯有走读书科举道路，通过考场在千军万马中脱颖而出，博得一官半职。

　　以王振的学习成绩来看，走科举路线希望太过渺茫。在当时，如果科举之路受阻，便可退而求其次，坐馆授徒。王振也走上了教书先生这条路，可自己本身对学问一知半解，做教书先生不是误人子弟么？王振的教书生涯没持续多久，便在学生家长们的口水中黯然下课。

　　书是教不下去了，但人活着，五脏庙还是要天天答祭，王振的生活陷入困顿之中。王振虽然学问不怎么样，但有着常人没有的狡黠和隐忍性格，不甘心就这样沉沦下去，要出人头地，就要拥有权势。在王振处于人生低谷之际，突然传来一条消息，皇帝颁布诏书，同意让生育过子女的成年人自愿术后进宫做宦官。

在这以前，朝廷对于宦官选用有一套严格的程序，首先入宫者必须是幼年阉割，严禁成年人进行宫刑，如果违反，无论是当事人自愿还是被迫，无论是自宫还是别人帮助手术，都要处以严厉惩罚，轻则流放，重则处死，同时严禁民间拐卖儿童当宦官。这些规定在明朝开国后相当长一段时间内得到了基本贯彻。

明朝初期的宦官，除了民间贫苦者自愿入宫的外，相当多是战俘或各藩属国进贡的，比如作为中国属国的高丽在元明两代都向中原王朝进贡过大量宦官和宫女，明太祖洪武年间，李氏朝鲜太祖李成桂为了讨好朱元璋，一次性向明朝进贡了数百名宦官和宫女。

但是这些渠道不具有可持续性。比如战俘，随着国家逐渐稳定，没了对外战争，就没了战俘，而皇室对宦官需求越来越大，形势比人强，朝廷只好变通，颁布征召宦官的圣旨。不过，圣旨颁布后没有激起太大反响，毕竟对于大多数普通百姓来说，日子虽然过得苦一些，但老婆孩子热炕头最实在。做宦官固然有风光的机会，不过这种活着的时候身体残疾，死了难入祖坟的职业，并不是常人的选择。

然而，王振听到这个消息后，仿佛在黑暗中看见了一抹亮色，明知道这并不是一条康庄大道，但他还是决定要搏一搏。此刻的王振，就像一个溺水的人突然看见一条绳索，已经顾不了太多，先抓住再说。

在一个月黑风高的夜晚，一声凄惨的叫声从王振破落的小院中传出，打破了小村的宁静，搅扰了邻居家狗的清梦，引得它狂吠不止。此后数月，王振家小院大门紧闭，邻人也不知道发生了什么事，好奇地向院内窥探，直到有一天，王振打开了院门，仿佛完全变了一个人似的，颔下胡须已脱落殆尽。

在众人惊讶的目光中，他挥挥衣袖告别了家乡，留下身后的一屋灰尘。后来消息传来，王振入宫做了宦官，再后来，家乡人逐渐将他淡忘。这是发生在明宣宗时代的事儿。乡亲们不知道，多年后王振会将整个大明天下搅个天翻地覆。

在高高的宫墙内，王振开始了他的宦官生涯。皇宫内有三类人，男人、女人和不男不女的人。男人就一个，便是大明皇帝，女人数不清，皇后、贵妃、嫔妃、昭仪、婕妤、美人、才人、选侍、淑女等等，这些等级高低贵贱不一的女人都是皇帝的家眷，还有大量服侍这些人的宫女，这些人名义上都是皇帝的女人，此外便是大量生理残缺的宦官，这些人构成了皇宫的全部。

王振比起那些少年生瓜蛋子宦官们，有着丰富的生活阅历，懂得人情世故。他善于察言观色，揣摩主子们的喜好，说话语速不急不缓，神态恭敬谦和，很快从众多宦官中脱颖而出，博得宣宗皇帝的欢心。而王振在奴颜婢膝的表象之下隐藏着一颗权欲之心，此时只是静待时机。

王振宦官生涯开始风生水起之时，高居太监金字塔尖的是金英，他一人身兼司礼监太监和提督太监，相当于担任太监管理委员会主任兼太监特科监察委员会主任，左手管理右手，右手监督左手，督察权和检察权集于一身，是太监之中最炙手可热的人物。王振每每望着金英的背影，便暗自立志以金英为目标。

说起金英此人，他的来历比较曲折。他不是来自中原腹地，而是来自遥远的安南。安南古称交趾，自汉唐以来一直是中国的领土，五代以后趁着中原大乱，中央王朝无暇顾及之时，安南脱离了中原王朝管制，仅表面上维持着对中原王朝的臣服。

元末天下大乱，群雄并起逐鹿中原，安南也想浑水摸鱼，借此良机坐大，一度还攻入中原王朝的管辖地。大明成立以后，太祖通知安南国王陈日昆，要求他立即归还占领领土。此时的陈朝国王已经沦为傀儡，朝政由国相黎季辇把持，自然没办法给个准话。

太祖虽然很生气，但鉴于天下初定，不愿再发生战争，没来得及顾得上安南便去世了。安南也开始有恃无恐，从此处于半独立状态。

后来黎季犛索性篡位，立儿子黎苍为帝，自称太上皇，对外瞒着大明，不料纸里终包不住火，事情败露了。陈朝国王之孙陈天平从老挝来投奔朝廷，揭发黎季犛谋朝篡位的罪行，作为天朝上国，大明自然要主持正义，黎季犛得知后很惶恐，便假装派人迎接陈天平回国，在返国途中设伏将陈天平杀害，一同遇害的还有明朝派去的护送队伍。明成祖大怒，下令征讨，命朱能为主将，张辅为副将。朱能后来在军中病逝，张辅接替他统领部众继续战斗。最终安南战败，重新成为中原王朝的附属国，此时距离唐末脱离中原管辖已经过了四百余年。

战事结束后，张辅回国，顺便带回来一些被阉割的儿童，送到皇宫做宦官，金英就是其中一员。金英入宫后，历侍成祖、仁宗、宣宗、英宗。

远离家乡，来到陌生国度，这些悲惨的遭遇没有击垮金英，他以不幸的命运为动力，努力做事，争取上位。金英生得俊俏，做事机灵，工作勤恳，很快获得回报，一路擢升，一直做到太监系统一把手。在永乐末年，升任司礼监右监丞。宣德七年（1432 年），升为司礼监太监，赐给免死诏。

王振知道，要想取代金英在宣宗心里的地位是不可能的事，只能将希望寄托在下一代身上。恰好，王振因为乖巧，被安排到东宫服侍太子朱祁镇。王振很快适应了新职位，成功扮演了幼儿护理、儿童启蒙家教和超级奶爸三个角色。人在儿童时期特别需要亲情呵护，这对一生成长有着至关重要的作用，然而皇家无亲情，就算父子之间也少了平常百姓之家的亲昵，后妃生了子女也由乳母代乳，所以这些金枝玉叶、龙子凤孙们自小少了正常人家的亲情互动。儿童时期是一个人心性形成期，而皇子们能够依赖的只有身边的宦官，因此宦官对他们性格、价值观的形成有很大影响力，等他们长大后，就会格外倚重在他们幼年时给予关爱的宦官，这也是为何历朝阉宦专权难禁的原因。

对处于孩提时代的朱祁镇，王振给予了无微不至的关爱，恰到好处地填补了他对亲情的渴望。朱祁镇对王振产生了极度的依赖心理，要是一会儿不见这位超级奶爸，便坐立不安，六神无主。平常朱祁镇不直呼王振名字，而是以先生称之。

孩子是单纯的，谁对他好，他对谁好。宣宗在位不过短短十年便死了，年仅九岁的朱祁镇即位，是为英宗。九岁的孩子不懂政务，但懂得亲疏，朱祁镇即位后，立马册封王振为司礼监掌印太监。司礼监总管宫中宦官事务，替皇帝掌管内外一切章奏和文件，代传皇帝谕旨等，东厂也是它的下属部门，可见这个职位是何等重要。担任司礼监掌印太监，意味着王振实现了从大明皇家第一家教和超级奶爸到帝国特工头子的华丽转变。

仁宗和宣宗时期，是东厂事业低潮期。他们重用杨士奇、杨荣、杨溥等忠直之臣，政治清明，清升浊降，贬斥疏远特务政治，对东厂活动一再打压，活动经费一再缩水，不断精简特务组织编制，严格限制活动范围，特务们日子过得紧巴巴，整天夹着尾巴做人。无论是东厂还是锦衣卫，都选择了低调生存。

蛰伏时期也有没眼色的蠢货。比如仁宗驾崩，当时的太子朱瞻基尚在南京，锦衣卫中有人不甘寂寞，想浑水摸鱼，勾搭汉王朱高煦企图抢班夺位，谁料阴谋很快败露，被宣宗整治一番，就像受了委屈的癞皮狗，低声呜咽几声便安分起来，东厂特务们拍着胸口暗自庆幸没蹚这浑水。

宣宗对宦官的管理完全继承了太祖的遗志，一旦发现违法乱纪，惩处毫不手软，根本不讲情面。内官监太监袁琦从小跟随宣宗左右，深得宣宗倚重。有一次袁琦派阮巨队等十余名宦官外出采购宫内用品，这些人离开了皇帝眼皮底下，胆子便大起来了，竭力压低采购价，大肆索贿和搜刮民财，甚至在局部地方引发了暴力事件，在民间造成了恶劣影响。消息很快传到宫里，袁琦觉得太监们外出采购，谁不想趁机捞点油水，这几乎是宫中公开的秘密，不值得大惊小怪。他自以为凭着皇帝对自己的宠幸，大不了事后被斥责几句罢了。

然而事态的发展说明袁琦低估了问题的严重性，宣宗以领导失察和管理部下不严的罪名，下诏将袁琦凌迟处死，抄没家产，阮巨队等十个宦官一并被斩首。

后来又发生了一件太监诬告事件。太监裴可烈和一名姓汤的浙江千户诬告按察使林硕毁坏皇帝诏书，这可是大逆不道的罪行，林硕很快被捕下狱。但经查证，皇帝发现这完全是子虚乌有的事，将裴可烈逮到诏狱处死。

宣宗对内宦犯法处置力度之大，态度之坚决，极大震慑了宦官们，他们再也不敢胡作非为，就算是备受宠幸的金英都处处小心谨慎，更别说东厂那些小特工们。

如今，王振担任司礼监掌印太监，他做的第一件事就是让东厂重出江湖，职业的本能使得特务们觉得，人生的机遇就要来临了。很快有人便感受到了"春天"的气息，此人正是锦衣卫指挥使马顺。

有一次，王振路过马顺府前，马顺以百米冲刺的速度跑到王振轿前，双膝跪地喊了一声"爹！"。王振此时不过三十，马顺早年过四旬，看着平白无故冒出个比自己大十来岁的儿子，王振一时没回过神来。当马顺再次亲热叫爹时，王振觉得顺耳多了，心里甭提多敞亮舒坦，连说"好，好，好！"，从此，王振多了一个"儿子"，他使唤起来一点都不见外。

这是一件标志性事件，在永乐朝，东厂太监哪怕是见了个普通锦衣卫小官，都要低眉顺眼，锦衣卫和东厂是上下级。仁宣二朝，两者都不受待见，是平级，如今随着东厂实力迅速膨胀，堂堂锦衣卫指挥使沦落为东厂的走狗，摇尾乞怜。

王振虽然已经贵为掌印太监，但心里总不踏实，对前任金英，他还是忌惮几分。英宗继位后，金英识时务地先后将司礼监太监和提督东厂太监的大印拱手相让，王振还是没法彻底放心，总担心金英再度翻身，便派出东厂番子们死死盯着金英的一举一动，要求做到一天十二个时辰全方位无死角监视。

作为一名资深太监和权谋高手，金英明白王振对自己不放心，便主动向王振示弱，送去大量珊瑚树、珠宝等，对王振极尽恭维。为了表明自己不想再争权夺利，正统元年（1436 年）二月，金英声称自己深受大明历代皇帝恩宠，无以报答，唯有用余生来为先帝们祈福，祝当今天子福寿绵长。他建造了一座规模宏大的佛寺，给寺院布施大量土地和树木，请明通大师住持，跟随僧众朝夕诵读经文，摆出一副与世无争彻底觉悟的样子。

这一招果然奏效，看着昔日高高在上的上司，对自己如此低声下气，王振扭曲的心理得到了莫大满足，便放松了对金英的监控。

王振尝到了权力的快感，更助长了他的野心。接下来，王振面对的是一帮将权力斗争玩得炉火纯青的高手，不能丝毫大意，这帮人便是内阁那帮文臣，确切说就是杨士奇、杨荣、杨溥（史称"三杨"）三名老臣。

宣德十年（1435 年）春天，宣宗朱瞻基去世时只有三十八岁，皇太子朱祁镇年仅九岁，自古主少国疑，难免人心惶惶。太皇太后张氏在关键时刻发挥了定海神针的作用，召集满朝文武大臣到乾清宫，指着太子朱祁镇高声说："这是新天子。"群臣高呼万岁，这才稳住了局面。朱祁镇登上皇位后，大臣们以皇帝年幼为由，力劝张太后临朝垂帘听政。但张太后拒绝了群臣的呼声，而是请三杨来辅政。

毫无疑问，三杨就是摆在王振面前的三座大山，想要登上权力巅峰，就必须铲除这三座大山。如何铲除？像金英一样逼迫交权，截至目前王振还没有这个能量。三杨的直接靠山就是张太后，惹得老太后发飙，别说王振，就是小皇帝也兜不住。实在不行，能否派几个东厂番子趁着月黑风高把这几个老头子杀掉？不行，自古以来就算党争再厉害，也不敢轻易出暗杀政敌这种损招，何况是刺杀当朝辅政大臣，这种风险极大的事王振不愿干。

王振思前虑后，觉得目前最好的策略就是示弱，稳住和麻痹三杨，然后逐步推进。主意拿定，王振立刻体现在行动上，在去内阁传旨的时候故意站在外磨磨蹭蹭，装作一副为难的样子，三杨见状，便大度让他进去落座，王振恭恭敬敬的态度博得了三杨好感。

王振私下为自己的演技自得不已，但也知道如果仅仅停留在这些表面功夫上，还不足以让这些老狐狸们放松警惕。功夫不负有心人，有一次王振和几个小太监陪着小皇帝朱祁镇玩球，小皇帝玩得正开心，这时王振看见三杨从远处走来，灵机一动，跪倒在地扯住小皇帝衣袍装作痛心疾首的样子大声说道："先帝为了玩球差一点误了天下，陛下又跟他一样喜欢玩球，江山社稷怎么办哪？"三杨听了以后，感叹不已，说："没想到太监中居然有这样忠心的人！"慢慢也就放松了对王振的警惕。

稳住内阁以后，王振的权势逐渐稳固起来。为了向朝野显示自己的势力，王振鼓动小皇帝朱祁镇下诏，让他和朝臣一起去阅兵，国之大事，唯祀与戎，王振却视为儿戏。

王振信心满满，但有人就是不买账，数次不给他好脸色看，王振恨得牙根发痒，但却一时半会儿拿他没招，此人正是英国公张辅。张辅历经永乐、洪熙、宣德、正统四朝，是一员彪悍老将，他辅佐永乐帝参加靖难之役，南征安南，迫使安南国束手归降。这样一位久经沙场的老臣自然看不惯王振在庙堂上颐指气使，指手画脚。

明着没法子，王振便使阴招，唆使小皇帝朱祁镇对张辅下手，面对奶爸的建议，小皇帝自然言听计从，下令将张辅杖责下狱。消息很快传到后宫太皇太后张氏耳朵里。

张太后是个爱憎分明，深明大义之人。她先后辅佐丈夫仁宗，儿子宣宗，当初小孙子朱祁镇即位，因为皇帝年幼，大臣们强烈要求她垂帘听政，她不想开后宫干政的先河，一口回绝了，为防止外戚专权，严禁自己娘家人干政，将政务托付于三杨这班老臣，正统朝前期延续了仁宣之治的繁荣，政治清明，百姓安乐。

张太后不干政，并不意味任由小孙子由着性子来，老太太虽然年纪大了，但巾帼风采不减当年，听说张辅被杖责，当即召集内阁五大臣，命令小皇帝和王振前来觐见。

王振闻讯后，吓得腿肚子转筋，他知道老太后不好惹，但也不得不硬着头皮前往坤宁宫。王振一进门，张太后就命令左右将刀剑按到他脖子上，王振吓得六魂出窍，跪在地上唯有乞求饶命。

张太后大声训斥王振，重申宦官不得干政的祖训，欲就地处死他，后来经不住小皇帝一再哀求，料想经过这次教训，王振再不敢肆意妄为，便放了他一条生路。此后，王振慑于张太后之威，不得不有所收敛。

有了前车之鉴，王振变得更加狡猾，抓住每一个机会显示自己的无限忠诚。正统四年（1439 年）十月，福建按察佥事廖谟杖死驿丞。死者是阁臣杨溥的乡里，廖谟则是杨士奇的乡里。杨溥要为驿丞报仇，判廖谟死刑，而杨士奇则庇护廖谟，称其"因公杀人"，双方争执不下，请太后裁决。这个问题颇为棘手，王振乘机献计道："廖谟及死者都与阁老有乡里关系，让廖谟抵命，处分太重，但如说他是因公杀人，未免太轻，最好将廖谟降级调离。"显然，这是一个不得罪双方的滑头办法。张太后觉得不错，便采纳了建议，将廖谟降为同知。此后，太后对王振也渐渐信任了，让他逐步过问朝廷大事，很多大臣的条陈建议由他来裁决。

正统六年（1441年）十月，奉天、华盖、谨身三殿的修建工程完成，朱祁镇大摆筵席盛宴百官。按照大明礼制，太监没有资格出席这样的盛典，但在这关键时刻，没有了奶爸王振陪伴，朱祁镇觉得喝酒都不是滋味，便派个小太监前去抚慰他。

此时，王振正在大发脾气，为了发泄心中的不满，满屋子丢东西，嘴里愤恨地说："周公辅成王，我独不可一坐乎！"吓得小太监赶紧跑回去汇报。

朱祁镇哪里能容忍奶爸受如此大的委屈，便不顾礼法，下令将大明门中门大开，迎接王振赴宴。要知道，大明门中门是供天子专用的御道，这种礼遇可谓古今罕见。当王振昂首挺胸阔步从大明门进入，登上奉天殿台阶时，满朝文武纷纷起座相迎，王振却视而不见，傲然径自走到皇帝身旁的座位坐下。此后王振地位便牢不可破，无人撼动，他唯一顾忌的便是张太后了。

终于，张太后去世了。大家都在哭，唯有王振内心乐开了花，克星老太后的去世让他如释重负，他等这一天已经很久了。

王振首先要做的就是废除前朝留下的一切障碍，从法律角度证明宦官干政是正确的。就在张太后去世后第二天，他便做了一件骇人听闻的事，派一帮宦官将立在内宫门口"内臣不得干政"的铁牌推翻。王振的做法明白无误地告诉大家，别再拿死人压活人，祖训那一套如今不管用了，他要将手从内廷伸向前朝了。

王振到处伸手之际，没有忘记超级奶爸的身份。他鼓励小皇帝朱祁镇使劲儿玩耍，爱做什么就做什么。小皇帝非常感激，觉得世上只有王振好，凡是王振说过的话，就是绝对的真理，凡是反对王振的人，就是跟朕过不去。朱祁镇很快乐，无拘无束。王振也高兴，想整谁就整谁。整人是个技术活，需要有人吹喇叭抬轿子，需要有人帮腔，还需要有人做打手，扩充势力迫在眉睫。

在不断壮大东厂势力的同时，王振开始全力排挤三杨。

为了分化三杨，他先从杨荣入手，逼迫他提前退休。杨荣心想与其被王振逼迫下岗，不如自动体面告退，便提出告老返乡安度晚年。可是，王振不会让他这样舒舒服服回老家养老去，暗中派出锦衣卫和东厂特务，盯死杨荣福建老家的府邸，很快查明一件事，杨荣背地里接受靖江王朱佐敬馈赠的金银。结交地方藩王还私收贿赂，这还了得？王振接到消息大喜过望，正是犯瞌睡便递枕头，杨荣这可是自找的。王振不等片刻，立即面见小皇帝朱祁镇如实反映杨荣存在的问题。杨荣此时百口难辩，虽然杨士奇全力帮他辩解，但最终由于此事心力交瘁，死在返京途中。杨荣此事可以一分为二来看，一方面是王振利用锦衣卫和东厂打击异己，但同时说明厂卫在遏制腐败方面有一定的积极功效。

三杨去一，杨溥为人处事过于谨慎，且年老多病，对国事已无能为力，剩下一个杨士奇孤掌难鸣。后来，杨士奇儿子杨稷犯法被处死，杨士奇经不起打击，一病不起。杨士奇和杨溥分别于正统九年和正统十一年去世。继任入阁的马愉、曹鼐势力太小，根本无力抗衡王振。没有了对手，王振愈发专横跋扈，不可一世。

王振得势后，可谓一人得道鸡犬升天，侄子王山任锦衣卫指挥同知，王林任锦衣卫指挥金事。这样一来，东厂和锦衣卫这两大特务组织都掌握在王振手里。东厂成立之初，最主要的一项任务就是制衡锦衣卫，另一项任务就是监督百官。如今，锦衣卫已经匍匐在东厂脚下，百官中基本没人敢反对他。东厂上下意气风发，得意扬扬，迎来了自成立以来的全盛期。

按照东厂惯例，每个月初一这一天，王振便将东厂大小头目召集起来，安排当月的侦缉任务，然后抽签决定各自负责的地盘。比如到朝中各部监视工作，监视司法官员会审犯人，监督锦衣卫拷讯罪犯，到各处地方官府访缉等。

东厂番子们倾巢而出，如水银泻地，无孔不入。他们不但掌握官员的一举一动，而且对于地方上的事，事无巨细都要刺探，某地遇到雷击，某地发生了火灾，市场上柴米油盐价格浮动如何，都要掌握，犹如幽灵，神出鬼没，无处不在。

由于东厂工作量太大，单凭手下有编制的一千名干事员工肯定忙不过来，便扩招"临时工"。东厂从事的工种不但要求有技术含量，还要心狠手辣，一般良家子弟不愿进来，于是许多地痞无赖，社会闲杂人员成了东厂编外人员。这些编外人员干起活来格外卖力，因为一方面可以从东厂拿到补贴，另一方面可以借此公报私仇和勒索钱财。他们昼夜不停为东厂挖掘情报线索，忙得不亦乐乎。

正统十二年（1447年），东厂特工们侦破了一次斗殴事件，事件起因是两个男人为了"拯救"一名失足妇女，意见不合打了起来，其中一人是武功中卫指挥使华嵩，另一人则是王振的侄子。跟王家争做"好事"哪儿那么容易，东厂特工二话不说当场给华嵩剃了一个阴阳头，戴上木枷拷，在失足妇女工作场所门口引来大批群众围观。经过一番思想教育后，东厂将华嵩送到大同劳改场改造去了。试想华嵩好歹也是朝廷官员，惹恼王振下场这么惨，东厂对普通老百姓随意屈打成招，生杀予夺，侵占田产，欺男霸女，更是家常便饭了。

相对而言，华嵩还是幸运的，起码保住了性命。有些地方官员仅仅因为对东厂特工们表达了些许不满，便被缉拿入狱，轻则罢官，重则丢掉性命。

王振在大明权力场上冉冉升起时，蒙古的一个名叫瓦剌的部族也在草原上崛起，它不断扩张势力，对明朝的西北、北部、东北边防构成严重威胁。王振此时被权力斗争的胜利冲昏了头，陶醉其中不能自拔，他领导下的东厂也主要专注于对内部官员的监控，放松了对外部情报的搜集，严重低估了瓦剌真实实力。

一个人整天沉浸在阿谀奉承中，容易忘乎所以，王振开始觉得自己无所不能，便想寻求战功，恰好机会送上门了。

正统二年（1437年）十月，云南麓川宣慰使思任发发动叛乱。西南少数民族地区小规模叛乱在明朝屡见不鲜，根本上也成不了大气候。正统五年（1440年）七月，叛乱基本平定，十二月，大势已去的思任发派人到云南总兵官那里，表示不再与朝廷为敌，愿意进贡谢罪。这件事情眼看就要了结，接下来就是如何收服人心，做好善后抚慰工作。

但是王振却提出异议，坚决不同意接受思任发投降，要求派大军南征讨伐麓川，干净彻底地消灭叛乱势力。

军国大事自然要开会商讨，慑于王振的权势，大臣们都保持了沉默，王振脸上露出了满意的笑容。就在此时，侍讲刘球不合时宜地站了出来，表达了反对意见。按照职位，他不过是给皇帝陪读的，这种军国大计完全可以旁观，但是正义感驱使他勇敢站了出来。

刘球抛出了几个问题，谁是我们的朋友，谁是我们的敌人？谁是肘腋之患，谁是疥癣之疾？这个问题一定要搞清楚。毫无疑问，目前大明主要的对手是瓦剌，而不是麓川的乌合之众。如果要大规模用兵，势必会造成北部边境的空虚，一旦瓦剌趁势袭边，后果不堪设想！

其实这个道理，朝廷里许多明眼人都能看出来，只是不敢说而已，如今刘球站了出来，在王振看来，他说的对错无所谓，但他的行为就是公开跟自己唱反调，几万士兵性命事小，他王振的脸面比天大！

正统六年（1441年）正月，朝廷在王振的鼓动下派兵十五万征麓川。本来麓川已是人心平定，但眼看朝廷要赶尽杀绝，只好铤而走险，叛乱又起，明军伤亡惨重，陷入战乱泥潭。

与此同时，王振下令将刘球逮入诏狱，命干儿子锦衣卫指挥使马顺不要让刘球活着走出监狱。

刘球在监狱受尽折磨，一日深夜，见马顺带领一名小校携刀进入牢房，便知道自己离死不远了。他站了起来，直面刽子手，高呼太祖太宗，表示要到地下申冤。马顺心虚，催促小校赶紧动手，小校一刀砍下刘球的头颅，然而刘球身躯依然巍然不倒。两人大惊，只得将刘球尸身推倒在地，然后挥刀强行肢解尸体，胡乱埋在监狱门口。后来，狱友偷偷地将刘球的血衣保存起来，出狱后送给刘球家人，刘球的儿子刘钺只找到其父的一只胳膊，便用血裙包裹殓埋。刘球的死，让人们明白了凡是跟王振作对都没有好下场。

朝堂上反对声没了，王振可以肆意妄为，对金钱的贪婪也越来越明目张胆，却不小心惹上了一个刺儿头——北边的瓦剌人。

瓦剌人战斗力彪悍，与拥有良好的战马分不开，但他们的短板就是生产力水平低下，日常用品和武器装备制造业严重不足，不得不依赖明朝。对于这一点，双方都明白，明朝方面严格控制武器装备出口，同时以进贡赏赐的形式从瓦剌换取良马。每次进贡马的时候，瓦剌人总是谎报押送马的人数，套取更多的赏赐，相当于变相抬高马价。这事儿双方心知肚明，由于各取所需，都不愿揭穿，渐渐成了一种惯例。

但是，王振由于贪心，无意中破坏了多年的默契。为了从瓦剌头领也先那里换得好处，他不惜走私武器，让大同镇守太监郭敬私下制作精良箭镞，装在瓮里偷偷送到瓦剌人手里，对方当然投桃报李，给了王振大量礼品和马匹。

正统十四年（1449 年）二月，也先派人到明朝贡马，解送马匹的人大概有两千多，但他们却自称有三千人，这意味着朝廷要多掏一千多人的差旅费和食宿费，还有赠品等等。

这种游戏玩了好多年，但这一次确实狠了点儿。王振命令礼部主管外贸的官员按照实际人头发放赏赐，不仅如此，还将双方约定俗成的马价砍去五分之四。这是不是王振蓄意找茬，故意激怒瓦剌人，就不好说了。

也先得知后，气得差点吐血。要知道两千多人押送马匹，肯定是一个庞大的马群，被王振这么一砍价，瓦剌损失惨重。是可忍，孰不可忍，也先决定对明朝发起攻击，把损失挽救回来。

正统十四年七月，也先以明朝毁婚为由，兵分四路，全面发起对明朝北部边境的攻击。

也先为何要忍几个月才报复，原因很简单，在二月份，蒙古高原草枯天寒，他们将成年的马匹卖给明朝，以便节省草料，等到七月份已是秋后，正是马匹膘肥时节，选择在这个季节发动战争，也先是经过精细盘算的。

也先亲自率领主力部队攻陷大同，参将吴浩战死，明军设在塞外用来拱卫大同的城堡悉数陷落。

至此，王振还没意识到问题的严重性，鼓动英宗率领五十万大军御驾亲征，其实就是为了给自己揽功，视军国大事为儿戏。王振觉得只要五十万大军一出动，足以碾压瓦剌人，自己可以稳操胜券。许多大臣都提出反对意见，觉得这样太冒险，但英宗对王振向来言听计从，根本听不进别人的劝谏。

五十万大军出动可不是件小事，行军调度、粮草后勤供给都需要周密计划安排，但王振全然不顾，大军仓促之间出发了，一路蜿蜒前行，前锋部队走到了几十里外，后头人马尚未出发。

七月十六日，朱祁镇和王振带大军从北京出发，十九日出居庸关，过怀来，抵宣府。恰好碰上阴雨天，道路泥泞，凄风苦雨，士卒们穿着湿透的衣服拖着疲惫的身躯连日行军，加上后勤供应不上，饥饿交迫之下，有不少人还没到达大同就死在路上。大军尚未遇到敌人，已是军心浮动。

然而，王振仍然不顾一切地命令大军继续前进，一路连打带骂，士兵们怨声载道。兵部尚书邝埜和户部尚书王佐觉得再不能这样下去了，请求王振暂且撤兵，王振哪里听得进去。两人劝说次数多了，王振嫌他们唠叨，便罚跪野草中，可怜二人作为堂堂当朝大臣，屈辱地跪在草丛中，直到夜幕降临，才拖着麻木的双腿回到营地。

最后，王振的亲信都觉得苗头不对，又不敢明说，彭德清装神弄鬼，说天象暗示此次出师不利，不如趁早罢兵，王振同样置若罔闻。

大军一路前行，发现一件很奇怪的事，一路上连个瓦剌人的影子都没遇到，这种反常现象，使得一种不祥的感觉笼罩在大家心头。

李贤等几个御史在一起暗中规划，决定走一步险棋，趁其不备干掉王振，然后劝说英宗回头，可惜计划最终没有付诸实施。

八月初一，大军终于到达大同，也先早已撤离，王振还打算出塞追击。此时，镇守大同的太监郭敬给他描述了前几天大同守军被瓦剌打败的惨状，并指出，也先这样做有可能是在诱敌深入。

王振此时才想起，快抵达大同时，在荒郊野外的地上横七竖八散落着明军的尸首，现场惨不忍睹，这才缓过神来，开始有点后怕，决定撤军返回。

可是，如此劳师动众出行，最后却灰溜溜回去，王振心有不甘。王振离开老家多年，虽然如今权倾天下，但总有种富贵不还乡，犹如锦绣夜行的遗憾，于是建议英宗到他老家蔚州做客，也好在昔日乡亲们面前显摆一番，让他们看看自己这些年混得多牛气。

大军开拔行走四十多里后，王振猛地想起这些年自己在老家置了许多田产，如今这数十万大军呼啦啦过去，自己的庄家可不就遭殃了。便又下令大军改道向东，直走宣府。面对王振这想一出是一出的脾性，众人很无奈。

大同参将郭登气喘吁吁地跑去对大学士曹鼐、张益说："此处距离紫荆关不过四十里路程，赶紧护着皇帝从紫荆关回师，再晚就来不及了。"但王振哪里听得进，一口回绝。

惨痛的一幕终于发生了。

八月十日，瓦剌军追到宣府，突然杀出，打得明军措手不及。明军仓促应战，结果一败涂地，横尸遍野，三万骑兵被全歼。英宗和王振仓皇撤到土木堡，被瓦剌军队包围。士兵私下逃散，将帅失顾。

明军只得仓促突围，瓦剌伏兵四起，明军溃败。英国公张辅，泰宁侯陈瀛、驸马都尉井源、平乡伯陈怀、襄城伯李珍、遂安伯陈埙、修武伯沈荣、都督梁成、王贵，尚书王佐、邝埜，大学士曹鼐、张益，侍郎丁铉、王永和，副都御史邓棨等，皆战死。明英宗突围无望，索性跳下马来，面向南方盘膝而坐，等待就缚。

英宗身边的护卫将军樊忠义愤填膺，喝道："王振老贼，你这误国奸佞葬送我大明五十万将士，汝罪恶滔天，饶你不得，吾为天下诛此贼！"说罢举锤击毙王振，一时大快人心。樊忠后为被乱箭射死，英宗被俘虏。

一场五十万大军的出征就这样以悲剧落幕，整个出征连一场像样的战斗都没有，将士们死得实在窝囊。

土木堡之变消息传到北京，群情激愤。为了稳定民心，监国郕王朱祁钰下令将王振满门抄斩，王振的党羽也悉数处死。王振家中搜查出来的金银累积如山，其中高达六七尺的珊瑚就有二十余株，私藏马匹数万，够武装一支部队了。

多年后，英宗复位，非但没有对害得自己差点丧命的王振记仇，反而对他念念不忘，下令修建精忠祠，刻了王振的木偶像供奉，给他树碑立传。对于这种现象，后世人百思不得其解，认为英宗心地善良不计旧恶的有之，也有人认为英宗就是彻头彻尾的糊涂蛋，在王振蛊惑之下，丧失了心智，失去了判断力。

但是从史料记载来看，英宗自始至终都思维清晰，也没有丧失对善恶的判断，比如他临死之前废除了明初以来的人殉陋习，受到史家的赞扬，也为后世津津乐道。

或许各种说法都有一定道理，但都忽略了一点，那就是不管英宗本人智力和能力如何，他始终是皇帝，王振的种种做法，都是在皇帝的授意和默许之下进行的，所以任何人都可以批判辱骂王振，唯独英宗不行，因为那样无疑是扇自己嘴巴。历来的皇帝可以知错改错，但绝对不能认错，英宗也不例外。

也许夜深人静的时候，他对早年轻信王振会有一丝悔意吧，但对外还是必须保持王振祠堂的香火旺盛，直到万历年间，王振像还供奉于智化寺，香火鼎盛。

王振无论如何作恶，身后都站着皇权的影子，无论他在台前如何表演，其实都是皇权罪恶的折射。因此，王振虽死，他身后并不孤单，还有许多"王振"粉墨登场，比如刘瑾、魏忠贤。

小贴士：东厂的内部陈设

东厂办事机构设在京师（今北京）东安门之北，也有说位于东华门旁。东厂府衙大厅旁边专设一座小厅，里面供奉岳飞的画像。东厂以岳飞精忠报国的精神自诩，可惜在大多数时间里，他们的做法与岳飞相去甚远。大厅西面设一座祠堂，用来供奉历代东厂掌印太监牌位，堂前还有一座"百世流芳"的牌坊。

第四章

将东厂踩在脚下

——西厂创始人汪直

天顺八年（1464 年）正月，明英宗病情日渐恶化，自感来日不多，便让皇太子朱见深在文华殿摄政，见习办公。二月二十三日，英宗驾崩，朱见深继位，次年改年号为成化，是为明宪宗成化皇帝。

说起来，成化皇帝也是个不幸的人，英宗正统十四年（1449 年），朱见深被立为皇太子，当时尚未满两岁。同年，瓦剌入侵，逼近大同，明英宗在王振怂恿之下，不听群臣劝谏，执意御驾亲征，留太子监国。结果明军大败，英宗被瓦剌俘虏。

国家危难之际，未懂人事的皇太子朱见深自然难撑大局，大臣于谦等大臣禀叩孙太后，拥立郕王朱祁钰称帝。由于于谦率领北京军民誓死抵抗，瓦剌最终无功而返，后来经过交涉，英宗被放了回来，被尊为太上皇，软禁在南宫，在以后长达八年的时间里，英宗过着囚徒般的生活，自身难保，更别说照顾朱见深了。

人都是有私心的，景泰帝也不例外，他自然不甘心让皇位由侄子来继承，所以没多久朱见深的太子之位被废除。当废太子旨意传到的时候，朱见深一脸茫然，当时他才五岁，放在今天还是幼儿园阶段，自然不懂内阁文臣们用古雅文言写成的圣旨，最后他只明白一件事，就是他必须要挪窝搬家，东宫不再属于他。

朱见深的童年是灰色的，是不幸的，目睹了父亲丢掉皇位被囚禁，自己被废掉太子之位，基本物质得不到保障，缺乏父母关爱，他像一只受伤的小鸟，没有丝毫安全感，整天惊慌失措。

他搬离东宫后，身边的宦官、侍女一哄而散，各奔东西，唯有一个人留了下来，此人正是万贞儿。万贞儿比朱见深大十七岁，她幼年入宫伺候孙太后，后来又被孙太后派到朱见深身边。从此以后，他们两人的命运注定要纠缠在一起，共同走完一生。

在数年黑暗时光中，万贞儿一直对他不离不弃，扮演着朱见深保姆、母亲、知音数种角色。再后来，她又完成了对朱见深的性启蒙，成了他的情人，年龄差距对他们这对共同经历了漫长苦难的人来说，又算得了什么呢？

朱见深对万贞儿产生了深深的依恋，她已是他生命的全部，而这种感情对外人来说不可思议，但朱见深觉得自己明白就行，别人怎么看丝毫不重要。

谁也没料到经历曲折的英宗在盛年去世，朱见深登上了皇帝宝座，这一年他十八岁，她三十五岁。她陪他从幼儿园走到了高中毕业，他正值青春，她已近中年。皇后凤冠自然不会落到她头上，但在他心中，凤冠真正的拥有者应该是万贞儿，至于名分，他无能为力。

如今朱见深成了成化皇帝，万贞儿成了万妃。大多数人并不看好他们，并且有充分理由，因为如今的成化皇帝已非当年，后宫内嫔妃成群，一个个青春年少，环肥燕瘦，美艳如花，随便拉出一个都比人老珠黄的万妃强百倍，等待万妃的一定是打入冷宫，然后慢慢老死。

然而事态的发展总是出乎人们的意料。成化皇帝对万妃的感情非但没有随着岁月流逝而淡化，反而情更深，意更浓。

自古以来后宫就是女人的战场。万妃专宠，得罪了后宫所有的女人，为首的自然是吴皇后。吴皇后自感青春美貌，却输在一个三十五岁的女人手里，自然不甘心。年轻可以是优势，也可能是劣势，年轻气盛的吴皇后被胸中熊熊的嫉妒烈火烧昏了头脑，她决定要摆出皇后架势，让万妃明白谁才是后宫之主。

很快，万妃被拖到皇后宫中打了一顿板子。吴皇后毕竟年轻，哪里是饱经世事沧桑的万妃的对手，虽然泄了一时之愤，但很快皇后位置不保，她前后在皇后位置上待了不过个把月，屁股尚未焐热，就被撵了下来。吴皇后不明白，万妃后面是皇帝，而她皇后的位置是皇帝给的。

成化二年（1466 年）正月，万妃生下一子，成化皇帝欣喜若狂，祭告山川祖宗，期望保佑孩子健康成长，并封万妃为贵妃。万贵妃仿佛看见了自己美好的未来，尽管目前皇帝没法册立她为皇后，但等孩子长大，肯定会被立为太子，然后登基称帝，母随子贵，自己成为万人敬仰的皇太后。

然而美好的梦想很快落空，孩子没多久就因病夭折了，更残酷的是万贵妃永远失去了生育能力。像所有的母亲一样，孩子的早夭让万贵妃悲痛欲绝。此后她就像一匹受伤的母狼，变得残忍和疯狂。她专门盯着后宫所有女人的肚子，只要发现哪一个有怀孕迹象，就毫不犹豫地让她们要么堕胎，要么去死，于是多年过去了，成化皇帝膝下还是空空荡荡，没有子嗣。

大臣们开始着急，皇帝没有子嗣这可是天大的事情，成化皇帝母亲周太后跟天下所有母亲一样，急着抱孙子。唯有成化皇帝本人看上去并不着急，周太后实在不解，儿子为何迷恋万贵妃这样一个人老珠黄的女人，便催促皇帝适当疏远一下她。

《万历野获编》记载了母子这次谈话。

周太后："她（指万贵妃）有多美，竟然让你神魂颠倒？"（"彼有何美，而承恩多？"）

成化皇帝："有了她的抚慰，我才心神安宁，并非是长相缘故。"（"彼抚摩吾安之，不在貌也。"）

周太后无话可说了。

成化皇帝对万贵妃的情义并没有随时间的推移而变淡，反而更加炽热，她的衣食起居，一律从优。他觉得很有必要在她身边安排一些机灵的太监伺候，于是一个人亮相了，来到万贵妃身边。他的出现，势必在大明朝廷掀起一场腥风血雨。明朝历史上一个更强大的特务机构将在他的手里成立，此人名叫汪直（与明史上著名海盗头目汪直同名，非一人）。

汪直进宫纯属偶然，成化元年（1465 年），广西大藤峡一代瑶族土官发生叛乱，朝廷派都察院都御史韩雍前往镇压。

韩雍字永熙，长洲（今江苏苏州）人，正统七年（1442年）进士，担任御史。此人绝对不简单，上马能作战，下笔能作诗。正统十三年（1448年）寒冬之际，叛军叶宗留从福建转战到江西，一路如入无人之境，官军屡屡败北，都督佥事陈英、指挥刘真还被包了饺子，战死沙场。英宗下诏命韩雍与镇守侍郎杨宁前往镇压，此次行动中，他开始展露才华，显示出超越常人的见识。

由于有镇压叛军的经验，所以英宗觉得这次平叛行动还是得让韩御史再走一趟。这次军事行动再次证实了韩雍眼力不一般。

广西地区山大沟深，叛军占据了有利的位置，朝廷军队远道而来，人生地不熟，正当大家为下一步如何开展战斗犯愁时，有几个儒生自告奋勇地跑来，希望给大军带路。将士们欢呼雀跃，以为胜利在望了，韩雍却下令将这几个人拿下，一搜身，从身上查出武器来，原来是一帮假冒儒生的刺客。属下们为韩雍眼力赞叹不已，问其中缘故，韩雍淡淡一笑说道，这种鸟不拉屎的地方，怎么会有儒生出现，何况现在是两军作战之际，毫无疑问是敌人假冒的刺客了。

有韩雍这样的牛人出马，未开化地区的一些土著叛乱很快平定了。这次平叛对当时的朝政没产生任何影响，而平叛后，韩雍带回来两个人，深深影响了明朝以后的走向。

战争总有俘虏，按照明朝惯例，青年男女俘虏送到京城，男的送到宫中做宦官，女的做宫女。在押往京城俘虏队伍中，有一个男孩叫汪直，还有个纪姓女子。

先简单介绍一下这位苦命的姑娘，她相貌一般，加上家庭突遭变故，整日沉默寡言，郁郁寡欢，属于那种不怎么引人注目的女子。当时成化皇帝全部心思都扑在万贵妃身上，根本无暇顾及他人，纪姑娘就这样从广西大山深处来到深宫后，默默干活，小心谨慎，没人在意她的存在。

不知何故，偶然机会，在御书房当值的纪姑娘引起了成化皇帝的注意，受到宠幸，后来发现有了身孕，生下一子，就是后来的明孝宗弘治皇帝朱祐樘。宫中许多嫔妃宫女怀孕后惨遭万贵妃毒手，没有一个活下来，朱祐樘比较幸运，在太监张敏秘藏之下活了下来，后来又送到周太后那里抚养，才逃过万贵妃的魔爪。纪姑娘后来不明原因暴死，很有可能是遭了万贵妃毒手。

相对纪姑娘悲惨凄凉的命运而言，汪直就幸运多了。谁也没料到这个来自大山深处的孩子将在以后的岁月中搅得大明江山不得安宁。他被送到宫中，经过一番培训后，到万贵妃身边做侍奉太监。汪直乖巧伶俐，善于揣摩主子心思，懂得察言观色，哄得万贵妃开开心心，很快步步高升。在万贵妃的提拔和栽培下，没多久，汪直就坐上御马监太监位置。

如果把御马监当成一个仅仅为皇帝养马的部门就大错特错了，御马监固然有替皇帝养马、驯马的职能，但远不止于此，它同时掌握着腾骧四卫营，负责皇帝安危，御马监掌印太监相当于外廷的兵部尚书，握有实权。

眼看一个新人平步青云，宫里大小太监们都羡慕不已。对这些人投来的倾慕目光，汪直打心眼里鄙视，因为他的志向远不止于此，他要做的是像东厂厂督那样呼风唤雨的人物，区区御马监算什么。

但做东厂厂督，目前来说还有难度。汪直还没有搞特务工作的经验，不过经验这东西，不实践永远不会有，所以这不是重点，重点是目前东厂掌印太监位置上已有人了，而且还做得有声有色，深得皇帝欢心，他搜刮了大量财富，并且在百姓中也有良好的口碑，此人名叫尚铭。

是的，老百姓对尚铭评价还不赖。明朝历史上掌握东厂的太监头子，疯狂敛财的有很多，他们中大多数把魔爪伸向劳苦大众，但尚铭反其道而行之，他很少滋扰普通市井百姓，而是把目光锁定在那些京城土豪大户身上。

尚铭掌握着大明最高特务情报机构，想弄清京城那些富豪的家底并不是件难事。他上任伊始，就把东厂大小特务撒出去，蹲守在京城街头巷尾，死死盯住那些大户人家。没多久，尚铭桌案上出现了一本名册，上面详细罗列了京城富人们的姓名、家庭住址、固定资产和流动资产数目，俨然是一本大明年度富豪榜。当然明朝时期还不流行富豪榜，尚铭也没兴趣搞富豪榜发布会，他的目的是设法把富人的钱捞到自己手里。

只要是人就有弱点，都有些上不了台面的事情，就算清清白白，只要进了东厂牢房，也百口莫辩。有钱人不缺钱，但最怕丢命，而尚铭只要钱，这样就可以做交易了。经过一番逻辑推理后，尚铭根据手中账本，派出东厂特务们将那些有钱人抓到牢里来。人抓进东厂，也不折磨，而是好吃好喝招待。他开出价码，拿到钱就放人，绝不撕票。

当然，尚铭不是梁山好汉，不会劫富济贫，钱都落到自己腰包里。偶尔他也拿出一部分来孝敬皇帝，钱这东西，皇帝也缺呐。多年下来，尚铭几乎赢得了所有人的好感。

对皇帝来说，他是一个谨小慎微，体贴尽心的好奴才；对东厂大小特务们来说，跟着他尽管吃不到肉，起码有口汤喝；对于百姓来说，他不扰民；就算是那些被敲诈的富豪们，虽然损失了钱财，但尚铭是个讲信用的人，图财绝不害命，所以就咬咬牙，权当破财消灾了。就这样，尚铭在东厂第一把交椅的位置上，稳稳当当坐了好多年。

虽然明知扳倒尚铭不易，汪直还是决定搏一把，他一旦打定主意，说干就干，开始派出属下四处打探消息，搜集情报。当他把搜集来的林林总总的情报向成化皇帝汇报时，皇帝只是微笑颔首，不置可否。汪直实在不愿意打哑谜，最后只好直接提出，想到东厂为皇帝效命，谁料皇帝轻飘飘扔下一句话："尚铭态度端正，工作卖力，这事就别提了。"汪直一听顿时感到很泄气。不过没多久，他发现了新的机会。

成化皇帝迷恋道术，上行下效，许多太监也结交道士。成化十二年（1476年），有一个叫李子龙的妖道，专门搞一些旁门左道，用幻术之类的把戏把许多太监唬得一愣一愣的。太监鲍石、郑忠等人将他奉若神明，就差当神仙供奉起来，常常把李子龙带进宫中游玩，李子龙一度登上皇城神武门北面的万岁山，将紫禁城内情况一览无余。

李妖道和太监们混熟了，太监们还把他介绍给宫中的宫女们。宫女们深居皇宫内院，与外界隔绝，唯一愿望是能引起皇帝注意，然而皇帝心思全在万贵妃身上，她们希望李子龙施法，让她们能够博得皇帝欢心。宫女们涉世未深，加上在宫中空虚寂寞，哪里是长期在市井厮混的李道士的对手，因此没过多久，不少人怀了孕。

就在此时，皇宫内不时地出现一些诡异现象。等到夜半时分，月残星稀之际，有一团黑雾在皇宫上空经久不散，甚至有人说看见黑雾化成一种似狐狸又似狗的怪物在宫内走动，说得有模有样，吓得宫内太监宫女们一个个战战兢兢，生恐触上霉运，被怪物掳走。

同一年七月，京师发生了日食。接着民间谣言四起，盛传一只由黑雾变化的金睛长尾怪兽到处出没，人一遇到顷刻昏迷，传得有鼻子有眼，就连奉天门卫兵都信誓旦旦说亲眼看到怪物进宫了，吓得成化皇帝不敢上朝，为避开怪物，甚至一度打算逃离紫禁城，幸好司礼监太监怀恩不信邪，镇定自如，坚定守在皇帝身边，才让成化皇帝内心稍安。

皇宫本是禁卫森严，如今人心惶惶，朝廷上下一致认为锦衣卫和东厂严重失职。重压之下，东厂和锦衣卫联手，对皇宫进行全方位无死角的搜查，后来发现了黑色火药粉末和一些刮在草木上的兽毛，种种迹象说明，事情真相根本不是什么怪兽出没，而是有人在搞阴谋。各种线索都指向道士李子龙，他有重大嫌疑。

事情最终以妖道李子龙和牵连的太监被处死而告终，事后成化皇帝发现宫女中有不少人竟然怀有身孕，震惊之余将她们全部处死。至此，妖狐事件告一段落，但此后皇帝总感到身边有鬼祟人物出没，严重缺乏安全感，对东厂和锦衣卫的办事能力严重质疑，觉得很有必要成立新的侦察情报特务机构。

此时，成化皇帝想起前段时间汪直搜集情报的能力，觉得这事还是交给他比较放心。成化十三年（1477 年）正月，在妖狐事件过去数月后，大明一个新的特务机构挂牌成立了，全名叫作"西缉事厂"，简称"西厂"，办公地点设在灵济宫前，以旧灰厂为厂署总部。

汪直担任西厂钦差总督西厂官校办事太监，简称"提督西厂太监"，或"西厂厂督"，从锦衣卫中选拔精兵强将充实机构，很快西厂队伍不断扩大，超过了大明资深特务机关东厂，汪直作为一名新星在明朝特务界冉冉升起。

西厂成立伊始，汪直决定必须拿出些成绩来，一举奠定西厂在特务界的地位，从气势上压住东厂。汪直给西厂上下立下规矩，东厂做到的西厂也要做到，而且要做得更狠、更彻底，东厂做不到的也要做到，并且不留后患，不拖泥带水，让东厂见到西厂自愧弗如，羞于在大明特工界混。与东厂相比，西厂所作所为是变本加厉。

西厂要做地狱幽灵，死亡使者，让所有敢跟他们作对的都没有好下场，让世人一听到西厂的名字就心生恐惧。后来的事实证明，汪直做到了。任何一个不受约束的事物，它必将人性丑陋的一面发挥得淋漓尽致，西厂成了死亡的代名词。

但一开始，东厂毕竟是老资格，经过多年的实践，积累了丰富的刑侦经验，想要超越它，谈何容易。尽管西厂上下在汪直的带领下努力干活，但做的尽是一些鸡毛蒜皮的小事，所搜集的情报不过是一些街谈巷议等不痛不痒的事儿，这与汪直给自己和西厂的定位相去很远，汪直是一心干大事的人，岂能就此罢休，每当与尚铭见面时候，汪直总觉得能从尚铭眼中捕捉到一丝不易察觉的嘲讽，这是汪直不能容忍的。

汪直召开西厂工作会议，他要求大家就西厂下一步工作开展情况畅所欲言，建言献策。经过一番讨论以后，会议得出结论，照目前情况按部就班开展工作，很难超越东厂，必须另辟蹊径，具体来说，就是拿下一两个重量级人物来立威。

朝廷大臣一时半会吃不准，不如先从太监头上下手，一来可以立威，二来可以显示西厂不包庇自己人，当然这个太监必须是重量级人物，司礼监怀恩和东厂掌印太监尚铭这样的人物，是汪直的上司和竞争对手，肯定是不行的，正当汪直琢磨拿谁开刀之际，有人主动送上门来了，此人正是南京镇守太监覃力鹏。

明朝实行两京制度，除了北京，在南京也设有一套成建制的班子，除了六部官员以外，就连太监也是一样配套设置。覃力鹏是仅次于怀恩和尚铭的三号人物。

覃力鹏经过多年的经营，形成了庞大的利益输送同盟。他的人脉非常广，既有朝廷官员，也有皇室宗亲，依仗着自己长期以来深耕的关系网，加上人远在南京，不在天子脚下，经常为非作歹。

中国历史上各朝都实行盐业垄断专卖制度，胆敢贩私盐者一律处死，明朝对盐业控制尤为严格。但是在高利润诱惑之下，铤而走险的还是不乏其人，覃力朋就是其中一个。

成化十四年（1478 年），覃力朋前往北京进贡，在返回途中装了近百艘船私盐。谁都知道覃力朋手眼通天，沿途官员对他一路绿灯。其实这种事，覃力朋也不是头一次干，大家早已心中形成默契，何必自讨没趣。

可凡事总有例外，当覃力朋船队抵达武城县时，有位姓范的典史生性耿直，偏偏不买覃力朋的账，一副公事公办的样子，要求登船检查。覃力朋平日里骄纵惯了，一听这要求登时心头无名火起，一个小小典史竟敢跟自己过不去，这不是成心断人财路么，于是命手下的人将范典史狠揍了一顿，可怜范典史被打得鼻青脸肿，门牙打掉两颗，一个下属还被覃力朋射死。

范典史不是那种打掉牙往肚里吞的人，他决定往京城讨个公道。认死理的范典史不相信这大明天下就没个说理的地儿。

然而，现实很快证明想要讨个说法很难。刑部、大理寺、都察院这些人一听说事情牵扯到覃力朋，都知道那是皇帝眼前的红人，一个个唯恐避之不及。到东厂揭发，尚铭也装聋作哑。走投无路的范典史最后决定到西厂碰碰运气。

汪直一听，便感到机会来了，经过一番分析，判定这买卖稳赚不赔，便一边在社会上揭发覃力朋的罪行，一边大张旗鼓地到南京去抓人，将覃押到北京关进大牢。

汪直摆出一副大义凛然、主持公道的样子，要清除太监管理队伍中的害群之马，谁也说不出他的不是。案子办得实在漂亮，虽然成化皇帝存心袒护覃力朋，但嘴上还是表扬汪直办得好。

覃力朋后来破财免灾，上上下下打通关节，最终被免职释放。通过这次事件，汪直不惜向太监系统开火，达到了立威的目的，声望急剧飙升，赢得了大公无私的美誉。

覃力朋虽然没有被彻底整垮，但朝野见识了汪直的能量，自此谁也不敢再轻视西厂，见到汪直唯恐避之不及。初步目标实现了，但汪直觉得还远远不够，他命令自己的心腹锦衣卫百户韦瑛，再干出几件大事来，要求立竿见影出成效，将东厂远远甩在后面。

没多久，刑部郎中武清、礼部郎中乐章、行人张廷纲被投入西厂监狱，在经过一番皮肉之苦后被释放了。浙江左布政使刘福一进城就被逮住送到牢里一顿狂揍，数日后被丢到大街上。

西厂抓人毫无征兆，没有任何理由，不经过任何法律程序。这些人经过这番经历，不免胆战心惊，恐惧阴影就此留在心里。从此好多人都提心吊胆，担心哪一天自己也被莫名其妙送去吃牢饭。汪直暗中露出得意的笑容，他的目的就是在朝野形成恐惧效应。

作为权谋高手，汪直一手打一手拉，一方面对对手毫不留情地打压，从肉体到精神全面摧毁，一方面拉一批识相的人为他所用，双管齐下才能保证权力牢固，不至于把所有人推到对立面去。

汪直不甘心西厂势力仅仅局限在京城，所以不时地到地方转悠一下，摆摆威风。汪直和西厂的威名早已传遍各地府县，地方官员大多数无不想法讨好汪公公，毕竟谁都不想被一不小心关到牢中。要是遇到没眼色的地方官员，汪直直接喝问："晓得头顶乌纱帽从哪里来的？"大多数人马上回答是汪公公抬爱之类的话，博得汪直欢心。

汪直权势熏人，有皇帝撑腰，谁也不敢得罪他，于是有人便钻了空子，假借汪直名头到处招摇撞骗。

假汪直名叫杨福，是江西人，曾在崇王府里当过内使，到北京见过世面，对官场的事儿有一定了解，加上他本人长得跟汪直有几分相似，便找了个搭档，从南京出发，顺长江而下，经过江苏、浙江、福建，一路高调张扬，嚣张跋扈，唬得那些不明底细的地方官员一愣一愣，哪敢仔细分辨。假汪直一伙被各地官员当神仙供着，一路好吃好喝，好不威风，一旦遇到稍微怠慢的，便喝令拉出去打板子，将狐假虎威的戏演到了极致。

就这样一路走，一路骗吃骗喝骗钱，假戏演得久了，假汪直自己都快被迷惑了，真拿自己当汪直了，直到进入福建终于露出了破绽。对他们起疑心的是福州镇守太监卢胜，他发现这一伙人手里没有任何信物，然后三言两语一套问，就明白过来他们是假冒的，假汪直杨福遂被处死。

其实假汪直的骗术并不高明，只要稍加盘问，不难看出破绽，他一路畅行无阻，可见地方官员对汪直和西厂惧怕到何种地步。

当然大明官员中总有一些硬骨头，浙江嘉兴知府杨继宗就是其中之一。杨继宗被称为成化年间第一清官，在老百姓中声望很高。他生活简朴，刚正廉洁，府衙中杜绝一切奢华作风，非常关心百姓生活，同时重视教育，大力兴办社学，哪家年满八岁适龄儿童要是无故不入学，他的父兄就要面临严厉处罚。杨继宗很敬重教育工作者，遇到学官时恭恭敬敬，礼数很周到，在杨大人感召下，教师儒生竞相到老百姓家中做劝学工作，嘉兴府尊师重教蔚然成风，教育事业蓬勃发展。

有一个叫孔儒的御史奉命来嘉兴清理军籍，气焰很是嚣张，许多乡老被他捉去打得死去活来。杨继宗一看心中很是恼怒，这嘉兴是他的地盘，姓孔的在这里越权行事，分明是没把地方官放在眼里。于是他在衙门口贴出告示，凡是家里有被打死人的到府衙来报告。

孔儒得知后恼羞成怒，栽赃抹黑、弹劾官员是他作为御史的强项，就不信杨继宗没有点猫腻。孔御史趁着杨继宗不备，突然冲进他府中，想拿到一些他的把柄。杨继宗坦然让他放开搜查，孔御史把杨府上下搜了个底朝天，就差掘地三尺了，然而杨继宗家中除了箱内几件旧衣外，一无所有，孔儒自讨没趣，只得满面通红，灰溜溜逃走了。

没多久，有个太监经过嘉兴，他一路上遇到的都是奉承巴结自己的地方官，收获颇丰，因此满怀希望地等着杨继宗送来金银，结果让他失望了，他只收到菱角、芡实之类的地方土特产。

太监见杨继宗不开窍，干脆张口索要贿赂。很快杨继宗送来一大笔金银，太监两眼放光，正准备收入囊中时，杨大人开口说话了："这是府库的全部金银，只要公公签下字据，尽管全部拿去。"太监一听，伸出去的手顿时如被烫了一般，生生收了回来。但他咽不下这口气，一回京城，马上向汪直告黑状，汪直只能骂他没眼色，招惹谁不好偏去招惹杨继宗。

后来杨继宗进京述职，汪直想借机和他拉拢关系，主动向杨继宗示好，表示想结交杨大人，谁知被一口拒绝。按照汪直一贯的作风，杨继宗应该很快到牢中报道，然而汪直没有这样做，或者不敢这样做。后来有一次，成化皇帝和汪直闲聊，谈起官员清廉度，汪直回答得很实在，如今天下官员不贪财的，唯有杨继宗一人。

或许这是正义的力量，虽然看不见，却实实在在，强大到让恶人也被震慑。或许汪直并非史书中所说的那样十恶不赦，毫无人性，至少他内心中对真正的正直之臣，还保留着一丝敬重。

成化年间，像杨继宗这样的官员属于凤毛麟角，大多数官员贪污腐化。尽管成化皇帝本人也很爱钱，设立大量皇庄为自己捞钱，但却不愿意官员往自个儿兜里捞钱，皇帝的心思汪直自然明白。

福建建宁卫指挥同知杨晔与其父杨泰横行乡里，以至于闹出了人命，便跑路到京城，藏在董玙家。杨晔父子二人如此胆大妄为，皆因背景强硬。杨晔祖父是明宣宗时期著名的"三杨"之一的杨荣，杨荣一生清正，为开创仁宣之治呕心沥血，受到世人的敬重，奈何子孙不肖，造福乡里的事一件没干，祸害百姓的事倒是做了不少。

杨晔父亲杨泰曾担任指挥同知（相当于军分区副司令员），目前已致仕，杨晔任建宁卫指挥同知（相当于军分区司令），祖孙三代都担任高官，人脉关系极其广泛，做事一贯高调张扬、蛮横粗暴，平日欺压百姓、侵吞他人田产，手上出了好几条人命，甚至直接搞起了海上走私活动。

人命关天，杨家如此肆无忌惮，置大明的律法于何地？但当地地方官员惹不起杨家，对此视而不见充耳不闻，时间久了，民愤极大，官员队伍中也有良知未泯的人，私下将相关情况传递给了御史。御史上书弹劾杨晔，朝廷派刑部主事王应奎和锦衣卫百户高崇前往福建调查。

眼看事情瞒不住了，杨晔主动上门找王应奎和高崇，献上大把银子，王应奎和高崇见钱眼开，一口应诺将事情压下来，不过顺便提醒了一下杨晔，如今汪直的西厂刚开张，风头正劲，要当心别被他盯上。

杨晔觉得世上没有不贪腥的猫，钱能解决的问题就不是问题，带上金银悄然来到北京，杨荣虽然不在了，但当年铺下的关系网还在，杨晔轻车熟路，使劲儿撒银子，御史、刑部、大理寺，凡是能想到的相关部门都打点到了。

有人悄悄地提醒杨晔："咱们这里什么都好说，但是汪公公那里貌似不好说话，目前能在汪公公面前说上话的恐怕也只有韦瑛了，不妨去找找他。"

杨晔很快找到韦瑛，无非还是老套路，花银子，说软话，希望放他一马，其他一切都好说话。韦瑛觉得事关重大，不敢擅自做主，如实报告给了汪直。

汪直正愁西厂没法打开局面，现在杨晔自动送上门来岂能放过，立马下令西厂特务出动将杨晔捉拿归案，顺道把收留杨晔的董璵也收押下狱。杨泰的弟弟杨仕伟、女婿董序、从弟杨仕儆没有一个漏网，全部下狱。

杨仕伟身为兵部主事，西厂校尉出于保密起见，在半夜前往捉拿，夜深人静之际，杨府上下突然鸡飞狗跳、哭喊连天，周围邻居都吓得不敢入睡。杨府隔壁住的是翰林侍讲陈音，他忍无可忍之下，呵斥西厂特务："你们眼中还有王法吗？！"隔墙很快传来轻蔑的声音："你难道不怕西厂吗？"在西厂的强势做派面前，陈音只有沉默了。

杨晔禁不止酷刑，没多久便死在牢房中，案子的来龙去脉也很快被审理清楚，汪直将审讯卷宗上报成化皇帝，因为西厂只有缉拿和审讯权力，没有审判权。

没多久审判结果出来了，杨晔、杨泰父子二人被判斩首，杨仕伟、董序、杨仕儆三人涉案贬官，董玙以窝藏罪被贬官，后来成化皇帝改判，免去杨泰死刑，剥脱官籍和退休待遇斥为平民。至于收受杨晔贿赂的刑部主事王应奎、锦衣卫百户高崇，在归来路上被西厂逮捕下狱，高崇病死狱中，王应奎发配边疆。

杨晔一案可以说是典型的官员家族涉黑案，包括走私、行贿受贿、窝藏包庇等，案件牵扯人员众多，社会危害极大，影响恶劣。汪直在案件中敢于出手，很快将案情来龙去脉搞清，表现出西厂强大的侦查能力。

总的来说，成化皇帝对该案采取了从轻发落，因为涉及人员太多，不想打击面太广。

西厂在杨晔案中的雷霆手段，使得朝廷官僚们心惊胆战。杨荣虽然斯人已逝多年，但他的影响在朝廷文官士林中犹在，门生故吏遍布朝野，汪直的做法无疑触动了很多人。

身在朝廷，除了衙门口的石狮子，没几个人是绝对干净的，今天倒下的是杨晔，说不定下一个就轮到自己了。他们知道西厂的存在已经严重威胁到文官集团的利益，是时候反扑了。大学士万安、刘翔、刘吉会同兵部尚书项忠、郎中姚璧，倡六部诸卿众臣联名上书请罢西厂。

与此同时，内阁正在召开会议，会上阁臣们群情激愤，会后形成决议，内阁首辅商辂写了一封奏折给皇帝，提出废除西厂，罢黜汪直，并撂下一句狠话："不驱除汪直，天下迟早出乱子！"

面对这赤裸裸的威胁，成化皇帝岂能咽下这口恶气，派司礼监太监怀恩到内阁斥责商辂危言耸听，并且要求查出幕后主使人来。

商辂表现得很有担当，他慷慨地说，整个事情就是他主使的，奏折也是他写的，原话回奏皇上就是，"汪直区区一个太监，敢私自关押处死朝廷命官，自作主张调动边关将领和内宫人员，如此下去，天下必定大乱！"

商辂的情绪感染了内阁的同僚们，众人的愤怒情绪达到了顶点。怀恩是个正直的太监，他对汪直的做法也不满已久，所以回去如实向成化皇帝汇报。

皇帝终于意识到问题的严重了，虽然有些不舍，但不愿意为了汪直一人得罪整个内阁，思虑再三，决定罢黜汪直，撤销西厂。

纵观这件事，汪直固然有滥用酷刑的残暴一面，但同时他也打击了贪官污吏，剪除了鱼肉乡里的土豪恶霸，内阁文臣们却选择性失明了。文臣们强悍的战斗力，有时候让皇帝都不得不屈服。

汪直又回到了原来的工作单位——御马监，虽然有段时间没干御马监工作了，但并没生疏，很快又得心应手。他的野心并没消失，他相信皇帝是离不开自己的，现在只需要暂时蛰伏一下，伺机再次出山。

汪直的判断是对的，皇帝一个人面对整个内阁外朝的官僚们，肯定应付不过来，他需要一个帮手，一双耳目，单凭东厂是远远不够的。相对于忠臣，成化皇帝更喜欢听话的人，由儒生组成的官员们更看重后世评说，与他们一比，太监们对皇帝更加忠诚和听话。

离开西厂和汪直后，成化皇帝总觉得少了点什么。成化十三年（1477年）六月，成化皇帝再次起用太监汪直，西厂重新开张。西厂注定不甘心做历史过客，汪直也是不甘安于现状的人。

汪直虽然身体残缺，但并不妨碍他胸怀扬威边关的梦想。权力使人陶醉，使人膨胀，汪直在经历人生低谷又再次登上权力巅峰后，已经觉得自己无所不能了。朝廷的官员们已经奈何不得自己，要让外敌也见识一下汪直的厉害。

明朝的主要外敌便是北方蒙古了。当时明蒙之间经过多年友好相处，边境相安无事，边境贸易、茶马互市如期展开，百姓各自安心过日子。但和平岁月并不能长久保持下去。

成化十六年（1480年）正月，北京城家家张灯结彩，年味正浓，不料就在这时，延绥镇守太监张选报来紧急军情，称据可靠消息，鞑靼人亦思马部趁着过节期间要侵犯边境，希望朝廷做好准备。

得知消息后，曾经担任过兵部尚书，现任户部尚书的余子俊认为鞑靼人寇边的可能性不大，但兵部尚书王越却坚持出兵，并鼓动汪直，汪直一直有驰骋疆场的梦想，现在机会来了，便建议皇帝出兵。正月十六日，成化皇帝诏命保国公朱永为平虏将军充总兵官，汪直为监军，王越为提督军务，征讨亦思马。

二月，明朝大军浩浩荡荡开到延绥，王越从派出去的探马得知亦思马已无意侵犯延绥，将牧场已远远西迁至威宁海子（今内蒙古正黄旗察哈尔南）。大军劳师远征，岂能无功而返，汪直和王越决定出其不意，袭击鞑靼人。

汪直让朱永率大军由南路进，自己与王越率轻骑顺塞垣向西，到榆林会合。行至大同，从宣化、大同两镇抽调精兵二万，出孤店（今山西大同东北），分路并进。

当时天降大雪，西风正急，明军顶着风雪急行军，夜半时分悄然抵达威宁海子，亦思马浑然不知。夜半时分，明军突然杀出，鞑靼人措手不及，终不敌明军，仓皇逃窜。此战明军共斩首四百三十余级，获马驼牛羊六千匹。汪直和王越大获全胜后没有再赶往榆林，大军直接拔营返回。朱永抵达榆林后连敌人的影子都没见到，只好无功而返。

战后，朝廷论功封赏，王越以功封威宁伯，岁禄一千二百石，汪直增禄至三百石，升官者达二千九百余人，被赏者达一万七千九百余人。

吃了大亏的亦思马自然不会善罢甘休，过了一段时间，等明朝大军调离后便开始滋扰边境、烧杀掠夺，百姓深受其害。当年十二月，亦思马又侵扰大同，汪直、王越、朱永再次率军前往征讨。成化十七年二月，两军交锋，大明再次获胜，共斩首一百二十余人，获马七百匹。三月大军返回京城，王越加太子太傅，朱永爵位世袭。

汪直好兵，无论遇到外患还是内乱，他都喜欢往前冲，有些边将设法投其所好。

成化十四年（1478 年），辽东巡抚陈钺杀害无辜，然后冒名邀功，激起士兵哗变。汪直得知后决定亲自率兵前往镇压，这时司礼监怀恩站出来反对，他觉得此时汪直前往无疑是火上浇油，只能将事情闹得更加无法收拾。

在这里很有必要说一下怀恩，他是在明史上为数不多获得史家称赞的宦官之一。

怀恩本姓戴，高密（今属山东）人。宣德年间，族兄兵部侍郎戴纶被杀，怀恩父亲戴希文当时担任太仆卿，受到株连，幼年的怀恩被处以宫刑没入宫为宦官，赐名怀恩。

怀恩为人老成持重、谨小慎微，到成化年间，已担任宦官最高职务司礼监掌印太监。虽然身居高位，但怀恩为官清廉，性子耿直，遇事定力很强，不做丧失原则的事，对皇帝时常用前朝轶事规劝，在宦官中享有很高威望，颇受皇帝信赖，即使是汪直，对这位老前辈也有些忌惮，不敢轻易招惹。

怀恩不但在太监圈内赢得好评，在朝堂上也备受大臣们的敬重。成化三年（1467 年），户部尚书马昂等清理京营，奏称必需内臣共事才能铲除多年来的宿弊，并力荐怀恩担当此任，得到成化皇帝批准。

朝廷大臣们相信怀恩是有原因的，因为他一贯敢于直言，冒着触怒皇帝的风险保护了不少忠臣。兵部职方司郎中刘大夏与王恕、马文升并称"弘治三君子"，他为人刚正不阿，执法严明，做事容不得下属打马虎眼，是一个眼里揉不得沙子的主儿，有一次，有个下属违纪犯法，被毫不留情拉下去揍了一顿板子。此人弟弟叫作阿九，是一名深得皇帝喜欢的宦官，听说哥哥受了责罚，一口气咽不下去，便跑到皇帝那里去告状。成化皇帝听信谗言，不分青红皂白就下令将刘大夏逮捕，打入诏狱。幸亏怀恩出面求情，刘大夏才保住了一条命。

汪直从御马监调离以后，腾出来的空缺被太监梁芳瞅上。梁芳此人喜欢钻营取巧，一门心思讨好万贵妃，在万贵妃推荐下，顺利坐上御马监太监交椅。梁芳知道成化皇帝喜欢迷信，便将一名叫继晓的妖僧引荐给皇帝，继晓会一些"点石成金"之类的江湖小把戏，成化皇帝被他迷得团团转。继晓整天装神弄鬼，搞得宫内一片乌烟瘴气。

员外郎林俊实在看不下去，便上奏朝廷，请斩梁芳、继晓以谢天下，惹得皇帝勃然大怒，下令将林俊投入锦衣卫镇抚司大狱。镇抚司为了讨好梁芳，在牢房内变着花样折磨林俊。

怀恩再次站出来向皇帝求情。恰好成化皇帝当时心情很不好，心想怀恩这个老奴才总是不识相，给朕添堵，于是不理睬他。但怀恩不依不饶，追着皇帝不放，惹得成化皇帝拿起桌上的砚台朝怀恩扔了过去，幸亏怀恩躲得快，仅仅擦伤了，要是再慢一点，脑袋定会被开了瓢儿。

怀恩包扎了伤口，称病不当差，暗中传话给镇抚司，要是林俊有个三长两短，他不会轻饶。大内司礼监一号人物发话了，锦衣卫就不得不掂量一下其中的分量，至少名义上东厂、西厂都是司礼监的下属机构，可不敢同时与这两大特务机构作对，于是林俊在牢里的日子好过起来。

成化皇帝气消了以后，也觉得自己做得有点过分，毕竟他还是很清楚怀恩的为人，便派太医去给怀恩治病，顺便下令将林俊释放，也算是卖了怀恩一个面子。朝廷上下这一次算是看清了怀恩的巨大能量。

汪直对怀恩的能量还是掂量得清楚，算起来怀恩还是他的上级，这个面子不好驳回，只好作罢，朝廷改派马文升前往替换陈钺。

成化十五年（1479 年），汪直奉命视察辽东边防，抵达辽东大营之时，远远看见一名披甲戴盔的将军撅着屁股趴在地上迎接他，汪直心中大喜，一问原来是前辽东巡抚陈钺。被马文升替换后，陈钺很不甘心，听说汪直前来视察，便一门心思想攀上汪公公这棵大树。

陈钺在前面开道，将汪直接入大营，并亲自负责食宿，把汪直伺候得舒舒服服，很快博得汪直的好感。反观马文升，为人耿直，不喜欢溜须拍马，对汪直按照相关接待标准接应。一比较，汪直就不喜欢马文升了，视察工作结束后，汪直宣布马文升调离辽东，陈钺官复原职。

陈钺为人奸诈贪财，官复原职后立功心切。当年十月，他提出讨伐海西女真，成化皇帝便命抚宁侯朱永为总兵，陈钺提督军务，汪直监军，做好准备。恰好遇到女真人派来的入贡使团，陈钺便下令劫杀使团四十余人，上报朝廷他们是窥探边境的奸细。

在这里需要说明的是，清朝建立后，对于女真人早期的历史不免美化，所以这次事件中的女真人真的是进贡的使团，还是假扮成进贡使团的奸细，没有确证。不过自此以后，海西女真诸部开始叛乱，不断滋扰边境，劫杀百姓，然后肢解尸体，手段非常残忍。

对于女真人的疯狂报复，陈钺不敢出击，唯有隐瞒不报。朝廷还以为辽东战事大捷，于是朱永进保国公，陈钺为户部尚书。汪直已官至顶峰，没法再升职，便一次性加官秩三百石，要知道按照明朝俸禄制度，官升一级加俸二十石，一下子加俸三百石，可是超限加工资，创下了大明官员加薪新纪录。

陈钺在辽东巡抚任上做的事，迟早会被捅出来。半年后，也就是汪直和王钺袭击鞑靼人取得胜利不久后，辽东巡按御史强珍便上书朝廷，将真相抖了出来，弹劾监军太监汪直、总兵侯谦、巡抚陈钺欺瞒朝廷。都给事中吴原、御史许进趁机再加一把火，一起联名上奏弹劾陈钺，把陈钺比作宋朝的黄潜善、贾似道。黄潜善、贾似道是历史上出了名的欺上瞒下、祸国殃民的大奸臣，吴原、许进的奏折可谓料足劲大，再也捂不住了。

　　然而皇帝最终处理的结果让人大跌眼镜。陈钺被罚了半年工资，汪直没有受到任何处罚。不过，从这件事开始，成化皇帝开始对汪直产生不满，只是暂时没有流露出来。

　　此时的汪直还在巡边，所到之处，诸镇官员无不张伞罗盖，大张声势跑数十里外迎接汪直。而汪直阵营内部也出了问题，他的两员得力干将王越和陈钺之间起了龃龉。陈钺怀疑自己被告发，王越有背后纵容强珍的嫌疑。

　　汪直巡边回来，陈钺抢先一步跑到北京城外五十里的郊区迎接，向汪直打王越小报告。辽东冒功那件事汪直也有份，听后怒火直往上蹿。等王越急急忙忙赶去迎接，汪直避而不见，让他吃了个闭门羹。巡抚辽东王宗彝嗅到了其中的含义，马上上书诬陷强珍捕风捉影，混淆朝廷视听，没多久强珍被罢官。

　　成化十七年（1481）五月，鞑靼亦思马再次侵扰边境，成化皇帝诏命王越为平胡将军，充总兵官，汪直监军，率京营军万人至宣府（今河北宣化）御敌。大军到达宣府时，得知参将吴俨等带兵追鞑靼至塞外，没想到中了敌人的诱兵深入之计，反被埋伏包抄了，近半将士战死沙场。军情紧急，但出乎意料的是，朝廷迟迟不给汪直下达率兵出击的命令，大军只好原地待命。

　　大半年过去了，眼看天气越来越冷，鞑靼人的侵扰部队也早已远遁，朝廷班师命令却迟迟不下来，汪直只好亲自上书要求班师回朝，没想到皇帝置之不理，汪直只好在宣府过冬了。

　　成化皇帝的做法耐人寻味，明眼人都看出皇帝对他有所不满了。很快有人跳出来揭发汪直和西厂。此人不是别人，正是东厂厂督尚铭。这些年来西厂气势上压住了东厂，出尽了风头，使得大明老牌特务东厂反而在西厂这个新秀面前抬不起头来，现在机会来了，岂能错失！

　　当然尚铭做了东厂头子这么多年，说话是很有技巧性的，对于汪直滥用酷刑、贪赃枉法、衅边邀功这些避而不谈，他知道这些打动不了皇帝，皇帝要的是忠心，至于其他倒显得不太重要了。他向皇帝含糊地说，现在市井之间流传着一些皇宫大内的秘闻，听闻这些都是西厂那边流出去的，成化皇帝听后不露声色，没啥反应，但尚铭相信皇帝心中已经泛起了涟漪。

仅凭一句话就指望扳倒汪直，尚铭还没傻到那种地步，但以后发生的一件事，彻底将汪直推向了不归路。

皇宫的日子过得比较单调，为了打发时日，皇帝闲暇时节会观赏一些小品剧演出。尚铭汇报完工作后没几天，宫内就上演了一出滑稽剧，其中有名叫"阿丑"的优伶擅长演黑色幽默剧，常逗得人开怀大笑，深受皇帝喜爱。有一天，阿丑为皇帝表演，演的是一个喝醉了酒的小太监耍酒疯，唱对手戏的人吓唬他说"皇上来了"，他根本不当回事，头也不抬，对方忽然高叫"汪太监来了"，他吓得像触电了一般跳起来，转身就跑，边跑边说："今人但知汪太监也。"

接下来上演第二幕，是汪直带兵打仗的情景，阿丑扮演成汪直样子，操着两柄钺（钺是一种像斧子的仪仗兵器）来到皇帝身边，说："我带兵全仗此两钺。"有人问："你的钺是什么钺呀？"阿丑说："王越、陈钺。"

朱见深见阿丑表演得惟妙惟肖，被逗得哈哈大笑。但笑过之后，心里开始活动起来。汪直已经掌握了西厂这样的情报特务机构，掌握皇宫机要，现在又掌握兵权，想到此处，成化皇帝不由得打了个冷战。

可阿丑作为一个小丑演员，哪来的胆子在皇帝面前表演汪直的讽刺剧？谁不知道汪直权倾朝野，以往多少朝廷官员因检举汪直轻则罢官，重责充军杀头。作为一名小丑演员难道他就不怕西厂特务找上门，让他身首异处么？答案很简单，有人给他撑腰，给他提供安全保障。朝野之间敢这么做，或者能做到这一点的，毫无疑问是东厂。汪直倒台最大的受益人就是尚铭。

皇帝可以容忍一切，但绝不许有人威胁到自己，哪怕汪直根本无意冒犯皇帝，但只要势力扩充到足以威胁皇权，本身就是一种罪过，本人怎么想已经无足轻重了。尚铭正是抓住了皇帝的这一心理。

如今，汪直连个自我辩解的机会都没有，因为他人还在宣府。汪直的得力干将兵部尚书陈钺当然不知道皇帝的心理已经产生微妙的变化，还一个劲地替汪直求情，希望皇帝早日让他班师回京。殊不知，此刻他这种做法恰恰是在帮倒忙，使皇帝更加坚定了扳倒汪直的决心。

很快，朝廷下诏，调王越去镇守大同，汪直驻守宣府，总镇大同、宣府，紧接着又下诏将京营大军调了回来，留汪直原地待命。从此汪直和皇帝的关系越来越疏远。大家都看出来了，汪直失宠了。墙倒众人推，给事中、御史们纷纷上奏，揭发汪直种种罪状。

不过朝臣们对西厂还是有所忌惮，万一汪直哪一天回来了，凭借西厂的巨大能量，肯定让他们没有好果子吃。所以想要将汪直拉下马，就要先废除西厂，没了爪牙的老虎就是病猫，没有了西厂的汪直就是纸老虎。

成化十八年（1482 年）三月，大学士万安带头上书，称京城官民一致要求撤销西厂，开始大家做好了持续上书、打持久战的准备，甚至担心触怒皇帝去坐牢，没想到成化皇帝很快同意撤销西厂，令大家喜出望外。西厂叱咤风云五年后，终于关门大吉了。

撤销西厂，相当于汪直没有了耳目，接下来成化皇帝要断汪直的左膀右臂。西厂关门当月，兵部尚书陈钺被勒令辞退，下岗回家养老去了。八月，王越被从汪直手下调走，去延绥防御蒙古人。

接下来没多久，大同巡抚郭镗又上奏朝廷，表示汪直与总兵许宁经常在工作中意见相左，长此以往，恐怕影响驻边将帅团队的团结，进而影响士气，万一贻误战机，这个罪责谁都担不起，希望朝廷做出妥当安排。

成化十九年（1483 年）六月，朝廷对汪直做出了新的安排，将他调至南京御马监。两月后，又有御史弹劾汪直，他再次被贬为奉御。当年追随汪直的那些人，除了陈钺早已被撵回家之外，王越、戴缙、吴绶都被罢官，贬为庶民。第二年，汪直最后一名得力助手韦瑛被斩首，至此，汪直留在政治舞台上的痕迹被全部清理干净。此后，汪直在落寞中走完最后的人生岁月，最终死于南京。

人性总是很复杂的，很难简单用一句话评价一个人。汪直曾经一手创造了西厂，在最风光的时候，锦衣卫、东厂都在他面前黯然失色。他滥用酷刑、结党营私、搜刮民财，打击政敌毫不留情，也打击过豪强恶霸和贪官污吏，曾亲自带兵奔赴疆场抗御外敌，有着出色的军事才华。因此，很难脸谱化地评价汪直。

最后不妨再举几个例子，说明汪直此人之复杂。

汪直多次奉命巡视边境，沿途官员无不奴颜婢膝，极尽巴结之能事，唯恐礼数不周把汪直给得罪了。唯独河南巡抚秦纮为人耿直，偏偏不给面子，汪直不但不以为忤，反倒对秦纮毕恭毕敬，可秦纮依然不买账。汪直一行队伍人很多，其中有些人背地里勒索地方官，滋扰百姓，秦纮如实将情况写成密折上奏朝廷。

汪直返京后，成化皇帝向他询问对沿途巡抚的看法，汪直推崇的并不是那些马屁精，而是不给他面子的秦纮，大力赞扬他做官既廉洁又有才能。成化皇帝听完后，笑了笑，把秦纮的奏章递给他看，汪直看后马上跪倒在地上，一边磕头认罪，一边说："能疏直，直是以贤之。"成化皇帝由此不但没有怪罪他，反而更加信任他。

巡抚汪霖性格温和，为官没有多少轰轰烈烈的政绩，做事四平八稳，但工作中严格按章办事。当时所有人无不对汪直竭力奉承，汪霖却不一样，有关汪直的迎送食宿都公事公办，惹得汪直有些不高兴，发了一通牢骚，传到汪霖那里，不过汪霖还是老样子对待他，这种不卑不亢的态度，反而让汪直刮目相看。

虽然看上去不合情理，但这些同样是汪直真实的一面。也许没有大藤峡那场叛乱，他会像许许多多平常瑶民一样，为了生存奔波在大山里，犹如烟尘一样消失在历史中，没人知道他曾经存在过。又或许他参军报国，可以成为一名出色的将领。

但是历史从来不能假设。南京孝陵，某个黄昏最后一抹霞光消失的时候，汪直死了。能够告别政治舞台中央，远离斗争的风暴眼，得以善终，于他已经是走运了。

小贴士：太监趣闻轶事

明朝官员立功后，会得到升职和赏赐，太监有同样待遇，不过他们得到的奖赏更加优厚，除了金银，皇帝对做出特殊贡献的太监赏赐蟒袍，有的甚至授予免死金牌，比如明宣宗时期司礼监金英就曾获此殊荣。滑稽的是，皇帝一旦觉得太监功劳大到一定程度，还会赏赐妻妾，并由皇帝亲自主持婚礼。

第五章

正德朝的隐形操盘手

——『站皇帝』刘瑾

成化二十三年（1487 年）八月，成化皇帝驾崩，太子朱祐樘即位，是为明孝宗弘治皇帝。弘治皇帝童年生活十分不幸，差点死在万贵妃手里。早年坎坷的岁月使他对朝政有着更加深刻的认识，所以他即位之后采取了一系列措施，革除了成化年间的许多弊政。

成化后期，汪直被罢黜，西厂关闭，东厂一家独大，东厂厂督尚铭一时风光无限，但没多久尚铭贪赃枉法东窗事发被驱逐出宫。接任尚铭的东厂厂督叫陈准，此人深受怀恩影响，为人正直，他上任第一天就把东厂大小头目召到一起，宣布从今以后除了谋逆造反这样的事告诉他，其他事情都交给刑部等相关部门去办理，东厂不要乱伸手，瞎干预。

在陈准带领东厂期间，东厂上下安分守己，没有制造一起冤案。但是后来陈准遇到了一件两难的事，有一名本没有罪的人被无辜抄了家，还被人送到东厂要求治罪。为人正直的陈准不愿意干这种违背良心的事情，但他又没有怀恩那么大能量，敢于犯颜直谏，经过数日的内心挣扎和煎熬以后，陈准想通了。

一天早上，东厂的一个头目发现，陈准衣冠整齐地悬梁自尽在东厂大堂之内。

（成化二十年五月），以太监陈准代尚铭，提督东厂。准令其下曰："大逆告我，非此，有司事也，勿预。"久之，有非其罪而被籍没者，下准，准不忍，逡巡累日，整衣冠，自经。

现在的人受影视作品影响，一提起东厂，脑海中马上浮现出阴险狡诈、残忍变态的太监形象，然而当笔者读《罪惟录·卷九·宪宗纪》中这段记载时，从这位宁愿自尽也不愿冤枉他人的厂督身上看到了人类的良知和人性的光芒，哪怕是在最黑暗的年代，最阴暗的角落里，依然存在。

不过，东厂在相当长一段时间内作恶多端，还侵犯了很多官员的利益，所以大多数人对它有抵触情绪。

弘治皇帝登基后，员外郎张伦就奏请废黜东厂，由于东厂存在已久，是大明体制和祖宗遗产，所以不能一下子就彻底废除，但弘治年间严厉约束锦衣卫和东厂，所以厂、卫基本属于摆设，情报和侦察工作也处于停摆状态。东厂两任掌印太监罗祥和杨鹏都是那种低调不张扬的人，平常就是例行公事，按时上下班而已。

成化朝期间，太监梁芳推荐妖僧继晓进宫，后又大量引进西域蕃僧，使得成化皇帝整个身心都浸在佛事上，导致朝纲不振。梁芳常以办佛事为借口，大量贪污内府金银。有一次，成化皇帝视察内库，发现里面空空如也，七窖金全部一文不剩，便对梁芳和另一个太监韦兴说："你们两个将库藏都败光了。"

韦兴心中有鬼，不敢吱声，梁芳还嘴硬，解释说："钱都花在兴建显灵宫和各处祠庙，用来为陛下祈福。"成化皇帝也是个好脾气，没好气地说："我先不找你的茬，等以后会有人收拾你。"

听皇帝言下之意是要让太子来处置他们，梁芳很害怕，便和万贵妃勾结在一起，一门心思搞垮太子朱祐樘，幸亏有怀恩从中大力斡旋，太子最终没被废除，不过怀恩也因此得罪了万贵妃，没多久被贬到南京，到太祖孝陵前烧香去了。弘治皇帝即位不久便下令处死继晓，赶梁芳到南京做御用监少监。

在朝堂上，弘治皇帝勤于政务，广开言路，善于纳谏，重用王恕、刘大夏等直臣，一扫成化以来庙堂上的颓废之气，社会面目一片清朗，史称"弘治中兴"。

历朝以来，皇宫大内三宫六院佳丽成群，帝王生活荒淫奢靡，但弘治皇帝绝对是个另类，在个人私生活上堪称楷模，坚持一夫一妻，与皇后相敬如宾，这在中国五千年历史上也极其罕见。

无论从哪个方面来看，弘治皇帝都称得上完美无缺。清朝史学家对明朝帝王大多颇有微词，持批判态度，唯独对弘治皇帝不吝赞誉之词。

然而，这样一个圣明天子唯独没做好一件事，就是没有留下一个好的继承人。

弘治十八年（1505年），弘治皇帝处于弥留之际，拉着十六岁的太子朱厚照的手，对群臣说："太子是个聪明人，但喜好玩乐，你们要好好辅佐他，说完撒手人寰。"弘治皇帝言语之间流露出一丝忧虑，俗话说知子莫若父，他对儿子的脾性很了解，后来的事实证明了他的忧虑不是多余的。

朱厚照即位，改元正德，史称明武宗正德皇帝。正德皇帝的一生如果一个字形容就是"玩"，两个字来比喻那就是"荒诞"，三个字来描述就是"爱折腾"。

相信对于大多数中国人来说，对正德皇帝的印象来自于一出叫作《游龙戏凤》的戏剧，这出戏讲述了正德皇帝在民间微服私访时发生的一桩艳遇。

正德皇帝身上发生的许多事儿，被传统史家大肆批判，但当时他不过是一个十几岁的孩子，放到现在也就是一个中学生，正处于青春期，荷尔蒙激素在身上涌动，好动、贪玩、爱整蛊、恶作剧、捉弄人，喜欢冒险，渴望做一个大英雄，这一切再正常不过。

不幸的是，他不是一个普通的青少年，而是大明天子，他不管不顾，使劲儿折腾，搅得满朝大臣头疼不已，成了一帮老臣眼里的问题少年。

有一次元宵节赏灯，宫中失火，正德皇帝不但不下令救火，反而拍手叫好："好一棚烟火！"活脱脱一个恶作剧少年。在满朝大臣看来，这个少年天子是个不安分的主儿，实在没心肝，因此常摆出一副痛心疾首的样子，劝说皇帝这不能做，那不能做。

正德皇帝望着紫禁城四周高高的城墙，这对他来说仿佛就是一个牢笼，唯一的梦想就是早日摆脱这个牢笼，到外面的自由世界去玩要。

　　皇帝表面上拥有无限的权力，实际上也受到各种规矩的制约，明朝的皇帝尤其不好当，面对那些浸淫宦海数十年、已是人精的文臣，皇帝往往招架不住，他们动辄搬出祖宗成法或引经据典，仿佛皇帝就站在万丈悬崖之上，再不悔改后果不堪设想。

　　弘治皇帝临终前给儿子留下了一个强大的内阁班子，为首的是刘健。

　　刘健，字希贤，号晦庵，洛阳（今河南洛阳）人。明英宗天顺四年（1460年）进士，历经天顺、成化、弘治、正德，为四朝元老，入阁十九年，任首辅八年。总之一句话，资格老，脾气大，学问高。

　　刘阁老为官清正，敢于直言。弘治末年，皇帝一度宠幸宦官李广，大搞迷信活动，刘健毫不留情上书直谏，直到把李广彻底拉下马。弘治皇帝见了他都不敢直呼其名，尊称先生。

　　刘健并不孤单，还有李东阳、谢迁等一帮人和他站在一起，这三人堪称"铁三角组合"，战斗力十分强劲。他们自感有先帝遗嘱，肩上责任重大，对正德皇帝要求格外严格，从学习科目到生活习惯都制定了细则。皇帝学习由翰林院的"学霸"们担任老师，有时候内阁大臣们还亲自上阵。正德皇帝整日面对这些爷爷、大伯级别的文臣们在耳边唠叨个没完没了，心情郁闷至极。

　　具体来说，他们要求皇帝做到如下几点：

　　第一、学好理论，奠定基础，向榜样看齐。专心学好《四书》《五经》，向尧舜那样的圣君贤王看齐，向唐宗宋祖靠拢，从小立下宏伟志向，努力做个英明圣君。

　　第二、干好本职工作，不许偷懒，肩负起大明元首工作。一旦发现皇帝有怠工苗头，马上有大臣跳出来敲打，将前代圣王的事迹抬出来复述一遍，再搬出那些骄奢亡国之君的反面教材温习一遍。哗啦啦呈上小山一样的奏折，摆出不把小皇帝埋在纸堆里誓不罢休的架势。

第三、花银子要悠着点，能省则省，大明摊子太大，花银子的地方太多，作为天子可不能从小就养成大手大脚花钱的习惯。

第四、用恐吓式的语言告诫他，外面的世界很危险，最好待在宫里做个听话爱学习的好孩子，没事别到外面瞎转悠，万一有个闪失，如何向祖宗社稷交代，如何向太后交代。

公平地说，以刘健为首的大臣们说得没错。但是凡事过于急切，反而会揠苗助长，起到反作用，这种高压学习激起了少年皇帝的逆反心理。

由于弘治皇帝太过优秀，大臣们都希望正德皇帝也成为像他父亲那样的一代明君，正德皇帝注定要活在父亲的影子里。但十几岁的少年，就是想逃离父亲的阴影。青春期的孩子往往有这种心理，讨厌听大道理，反感大人们唠叨个没完，就喜欢和大人对着干。

刘健等老臣发现，这个少年天子远比他们想象的刁钻，不好对付。君臣之间斗智斗勇，十分滑稽。

比如刚开学没几天，皇帝便说："朕要去给两宫太后请安，所以今天就不上课了。"正德皇帝心想："我大明以孝治天下，你总不能反对吧。"

刘健心想这不是逗老夫吗！马上指出："两宫太后更看重皇上的学习成绩，学习进步比什么都强，不能因小失大，更何况请安花不了多大工夫，总不能荒废了大好光阴。"

没过几天，正德皇帝又提出："最近天太冷，朕想休息几天。"

刘健气得胡子都抖了，小皇帝的花样真多，必须反对！

正德皇帝逃课的问题还没解决，刘健又发现了一个问题，小皇帝爱穷大方，乱花钱，随便给下人撒银子，这可不行！他马上找来户部官员，给皇帝算一笔国家开支的账目，让他明白大明就这点家底，有这么多窟窿要去堵，钱袋子可要捏紧点。

刘健说得一本正经，正德皇帝听得满脸庄重，但过后该干啥还干啥。紧接着刘健接到消息，正德皇帝时不时骑着马出宫去打猎，他一下子头又大了。

古代社会娱乐项目有限，像打猎这种娱乐兼体育锻炼于一身的项目，是许多皇帝的最爱。正德皇帝正处在少年时期，偶尔出去玩乐一下也正常。但大臣们不这么看，他们认为皇帝是不务正业，马上出来反对，英国公张懋指出："君子不立危墙之下，陛下身系天下安危，怎么就不懂珍惜呢？"

有人说，弄刀舞剑那可不是天子的事儿，刀剑可是不长眼的，磕着碰着，那可咋办？

也有人说，一定是皇帝身边的人有问题，一定要查查，看看哪个不长眼的死太监在挑唆皇帝学坏！

够了，受够了！小皇帝愤愤不平，这也不行，那也不行，到底要怎样，这帮老头才能满意？

够了，受够了！大臣们满腔怨言，怎么摊上这样一个问题少年，任你口焦舌燥，他就油盐不进！

祖宗成法不好使，道德说教听不进去，再这样下去，臣子们不伺候了！

三条腿的蛤蟆不好找，想当官的多得是，不想干拉倒！

正德皇帝和大臣们关系越闹越僵，双方都没有退一步的想法。

和外朝的这些文臣们一比，小皇帝身边的太监们更懂得皇帝的心思，其中一个就是刘瑾，这个人注定要在明史上留名，他在以后的岁月里将超越王振、汪直这些前辈们，坐拥大明四大特务机构，这是后话。

刘瑾本姓谈，陕西兴平人，净身入宫后，按照宫中规矩，想要站稳脚跟必须拜码头找靠山，他投靠的太监姓刘，于是就改姓刘了。

刚进宫就得从最底层做起，干最脏最累的活，吃最差的饭。刘瑾进宫之初，只是乾清宫中一个打杂工。

弘治皇帝在位时，对宦官管理异常严格，刘瑾有一次犯了宫内的规矩差点被处死，侥幸得到赦免。后来他巴结讨好权宦李广，李广当时是弘治皇帝跟前的红人，经李广引荐，刘瑾辗转到东宫侍候太子朱厚照，即后来的正德皇帝。

吃过一次亏以后，刘瑾变得非常谨慎，平常察言观色，很快摸透了朱厚照的性子，很会讨他的欢心。正德皇帝即位后，刘瑾负责掌管钟鼓司，与马永成、高凤、罗祥、魏彬、丘聚、谷大用、张永等几个皇帝宠幸的太监结成团伙，民间称为"八虎"。

八虎中，属刘瑾做事最果敢，有胆识，口才也了得。刘瑾文化程度如何，史料记载有些矛盾，按照王鏊《震泽纪闻》记载，刘瑾"不甚识文义，徒利口耳"，但在同一部书另一处却说，刘瑾"少狡狯，颇识字书，略知古今，特称为利嘴耳"。刘瑾文墨水平不甚清楚，但口才好是公认的。

刘瑾不久升为内宫监太监，总督团营。正德元年（1506年）六月，提督十二营操练。从此，刘瑾手握军权。

人一旦有了权力，就想攫取更大的权力，刘瑾树立了远大目标，他的偶像就是英宗正统年间的大太监王振。他暗自发誓，有朝一日一定要成为像王振那样呼风唤雨的人物。榜样的力量是无穷的，刘瑾在以后的岁月中证明了他不但做到了，而且远远超越了王振。

宦官的权力从哪里来，当然是从皇权派生出来的，离开了皇帝，太监就算有天大的能耐也不是外朝文官们的对手，这个道理刘瑾比谁都懂。在弘治皇帝时期，他日子过得那叫一个惨，究其原因不就是因为弘治皇帝听文官的话，对宦官打压得紧。每每回想起来，刘瑾就恨得牙痒痒。

刘瑾设法诱导正德皇帝玩乐，而且花样翻新，绝不重复，逗得小皇帝非常开心。只要让皇帝全身心投入玩乐之中，无暇关注政务，刘瑾便好大展拳脚，将大权揽在手中。

各种各样的新鲜玩意儿源源不断地送到皇帝面前，有猎鹰猛犬，有各种形式的歌舞表演，各种杂技杂耍等等，这些对一个十几岁的孩子来说具有极大的吸引力。面对目不暇接的各种游戏，少年天子的感官得到极大的刺激和满足，与整天说什么圣人之道的外朝老臣们一对比，正德皇帝自然更加喜欢刘瑾等八虎。

宫里玩腻了，刘瑾又诱导皇帝微服出宫，趁着夜色混迹于市井之间，这对长期困在皇宫大内的正德皇帝来说，真是眼界大开。他流连忘返，渐渐地在外面玩野了，连皇宫都不想回去了，刘瑾也渐渐将皇帝掌握在手中。

从来由俭入奢易，由奢入俭难，正德皇帝一旦迷上玩乐，学习、朝政全都荒废了，朝臣们的劝谏全当作耳旁风，根本听不进去。

有一回发生了天灾，工科给事中陶谐趁机陈言："陛下当夙夜恐惧，增修德政，以回天意。奈何视为泛常，倾耳于太监丘聚、魏彬、马永成之流。"结果折子递上去犹如石沉大海。

刘瑾此时忙着扩张势力，到处安插自己的亲信，使劲捞银子。他鼓动皇帝设立皇庄，在京郊掠夺民田，然后委派太监去督查管理。这些人横行霸道，鱼肉百姓，皇庄的田亩很快急速膨胀，达到三万七千五百九十五顷，令人瞠目结舌。榨取来的财富除了部分上缴给皇帝挥霍外，相当大部分进了刘瑾等大小太监的口袋。可怜了贫苦百姓，衣食无着，有冤难申。

面对刘瑾等八虎的为非作歹，许多正直大臣坐不住了，觉得小皇帝在这帮阉人的蛊惑下这么折腾下去，非出大乱子不可，恰好此时出现日食现象，这在传统社会中被认为是皇帝失职，是上天发出的警告。

大学士刘健、谢迁等向皇帝上书指出，不能置天象警告于不顾，如果再任由刘瑾胡闹下去，江山社稷危矣！紧接着户部尚书韩文联合各部大臣上书，都察院、通政司和大理寺也一齐齐刷刷地上书，折子堆满了正德皇帝的书桌，密密麻麻的文字扑面而来，好像千万支利箭，都指向同一个目标——以刘瑾为首的八虎。

其中李梦阳的奏折最有杀伤力。李梦阳是当时的文坛领袖，文章功力早已出神入化登峰造极，奏折就等于一篇檄文，杀气腾腾，看得正德皇帝心惊肉跳。正德皇帝毕竟还年轻，没见过这么大阵仗，面对满朝文武的围攻，一时慌了手脚，招架不住了。

想护住刘瑾他们看来希望不大了，抛弃却有些舍不得，没了这些人，谁给他那么多好玩的东西，没有了刘瑾，日子将过得多无趣啊！为了稳住朝臣，他派司礼监太监王岳到内阁探口风。

王岳来传话，说皇帝知道众臣的意思，可以把刘瑾他们贬到南京去，但一时半会儿离不开他们，容暂时缓一缓再执行。

刘健等人都是在官场滚爬摸打数十年的老油条，人精中的人精，一看皇帝松口了，就知道他准备向群臣屈服了，事到如今唯有乘胜追击，痛打落水狗才是正道，一旦让刘瑾他们缓过神来，必定反咬一口。于是阁臣们异口同声告诉王岳："不行！"

王岳其实也和刘瑾不合，虽然名义上他是刘瑾的上司，但实际上刘瑾根本不把他放在眼里，自然心里不满。有人的地方就有江湖，这句话放在太监这群人里也完全适用，太监之间竞争之激烈丝毫不亚于外朝的文官们，现在能够借助阁臣们的力量扳倒竞争对手，王岳何乐而不为呢！

王岳返回后，向正德皇帝一五一十汇报了大臣们的意见，并表达了自己支持内阁的意见。司礼监和内阁有统一共识的现象不多，一旦达成共识，他们的对手就在劫难逃。

这一次，刘瑾开始恐惧了，眼看这次内阁来势汹汹，自己恐怕凶多吉少，现在唯一能做的就是向皇帝求救。正德皇帝看着刘瑾他们一个个哭得泪人儿似的，于心不忍，便再次派人到内阁，看能不能再通融一下。

内阁的意志很坚定："不行！"

刘瑾一伙走投无路之下，亲自跑到内阁央求，希望放他们一马，他们立刻收拾行李滚到南京去，永远不再掺和朝廷的事。内阁众臣把他们直接视若空气，懒得搭理。

司礼监的传话太监匆忙在大内和内阁之间穿梭，替皇帝和阁臣们传话，双方交锋很激烈，总体上皇帝处在下风，内阁咄咄逼人，摆出一副不达目的誓不罢休的架势，皇帝眼看就要认怂，阁臣们胜利在望，八虎仿佛已看见死神在向自己招手。

双方处在僵持状态之际，内阁召开紧急会议，商量接下来的对策。会议之中，出乎意料地出现了分歧，刘健、谢迁、韩文等人对八虎恨得咬牙切齿，要求大家一起抗住皇帝的压力，只要再坚持一下，刘瑾一伙只有死路一条。

整个会议上，知经筵事李东阳一言不发，在众人的一再逼问之下，他缓缓开口说："如果坚持要求处死八虎，无疑使得皇帝下不了台，不如各自退让一步，让皇帝下旨将八虎赶出大内即可。"

刘健、谢迁一听非常不满，李东阳是幼稚还是脑子转不过弯？放虎归山的下场是什么，不言自明。李东阳一看这氛围便不好再说什么，只能在众人鄙夷的目光中继续保持沉默。

刘健心想再这么僵持下去也不是个事儿，决定主动联系王岳，让他在内廷也加把劲。王岳、范亨、徐智等太监对皇帝展开游说攻势，正德皇帝在内外夹攻之下开始摇摆，准备抛弃刘瑾一伙。

刘健等人认为有了王岳这个内应，只等早朝众臣向皇帝施加压力，拿下刘瑾指日可待了。但是他万万没想到，内阁中也有内鬼，有刘瑾布下的暗桩。

此人正是吏部尚书焦芳。

焦芳，字孟阳，泌阳人，天顺八年进士，曾担任过霍州知府、四川提学副使、南京右通政，可谓官运亨通，此人特点是睚眦必报，官迷上瘾。有件事可以很生动地说明焦芳这个人。

早年焦芳还是个编修，他一心想做学士。有一次，大学士万安在闲谈中随意说了一句，"像焦芳这种不学无术的人也配当学士？"不料这话后来不知怎么传到焦芳耳朵里。焦芳听后很生气，心想这一定是有人背后中伤自己，思来想去，就把嫌疑锁定在同僚彭华身上。他放出话来："肯定是彭华这小子背后说我坏话，要是彭华不立马消除不利影响，一旦害得我做不成学士，我就搞垮彭华，说到做到。"面对这种泼皮无赖，彭华害怕了，只得央求大学士万安，万安经不住软磨硬泡，只好提升焦芳为学士。

焦芳一直想入内阁，并认定这事只有刘瑾能帮上忙。早在刘瑾崛起时两人就搭上线了，攀附内宦不是什么光彩的事，所以俩人一直在私下交往，外人尚不得知。

在关键时刻，焦芳出卖了内阁，向刘瑾走漏了风声。刘瑾得知消息后，伙同马永成连夜求见正德皇帝。见到皇帝，两人一言不发就开始哭，刚开始低声抽泣，然后不停哽咽，最后扯开嗓门号啕大哭，哭得皇帝心软了。刘瑾很聪明，只字不提文官的不是，只把矛头对准了王岳，司礼监本来应该制衡内阁才是，如今王岳一伙却勾结外臣，这样下去就怕陛下会被蒙在鼓里，任由他们操纵。

刘瑾这一招实在是高，因为对皇帝来说，内阁从来就是死对头，如果身边太监再和外臣勾结起来，那还了得！震怒之下的正德皇帝下令，王岳立刻撤职。

次日，刘健等人信心满满地上朝，就等将刘瑾一伙一网打尽，然而等他们抬头一看，站在皇帝御座旁的不是王岳，却是刘瑾，刘瑾一副扬扬得意的样子，正在用嘲弄的目光注视着自己。

一切都明白了，但为时已晚。事到如今，刘健、谢迁、李东阳等内阁阁臣只有自动提出辞职。皇帝立马下旨，批准刘健、谢迁退休，挽留李东阳。因为刘瑾从焦芳那里得知，刘健、谢迁坚决要置他于死地，李东阳还是留有余地，便认为李东阳心里偏向自己。

其实刘瑾错了，李东阳内心对他根本没什么好感，只是比刘健他们更懂得所有的一切最终裁决权在皇帝手里，而太监远比外臣更容易获得皇帝的亲近，做事切不可把对方逼入死角，那样也是把自己逼得没有退路。

果然不出李东阳所料，一夜之间局势彻底扭转，内阁彻底输了，刘瑾完胜。现在刘瑾开始论功行赏，焦芳加文渊阁大学士衔兼吏部尚书，成功入阁，李东阳继续留在岗位上。

面对两位战友的离去，李东阳内心愧疚，接连提出辞职。皇帝不准，都撂摊子了，谁给朕干活？对李东阳的工作态度，正德皇帝还是很满意的。

面对刘健、谢迁这些对手的离去，刘瑾一伙自然是弹冠相庆，朝中大臣们却坚决抗议，要求朝廷挽留。刘瑾知道此风不可助长，想借此机会立威，于是上书的人纷纷被拖下去廷杖。大臣们并没有被吓住，依然前赴后继地上书，刘瑾也毫不留情，一个不漏地廷杖。可怜那些文臣大多是体格单薄的书生，怎么经得住廷杖拷打，不少人被打成终生残疾，南京给事中戴铣竟然给活活杖毙。

南京御史蒋钦被廷杖后，不顾浑身伤残，次日依然再次上书，等来的结果是再打，奄奄一息之中，他仍然上书表示不诛杀刘瑾，绝不与刘瑾共存于世，于是又一次被拖出去打，终于死于廷杖之下，一缕忠魂游西方。

大明文官中从来不缺不怕死的汉子，午门外地上血迹未干，许多官员又站了出来，一种前所未有的精神在鼓励着大家往前冲，如果不去午门前露个面，就不好意思在官场混了。兵部主事王守仁也出现在上书队伍中。很有必要交代一下王守仁此人，他便是大明历史上第一牛人王阳明。

王守仁字伯安，绍兴府余姚县（今宁波余姚市）人，曾居于会稽山阳明洞，自号阳明子，世人称之为阳明先生。王守仁据说是东晋大书法家王羲之的后代，家底殷实，而且不是一般的有钱。老王家现在指望子弟们在读书这条路上有所成就，王守仁的父亲王华一不小心就考上了状元。

有这样的家境，王守仁日子自然过得不差，家里对他的期望自然也很高。王守仁从小就表现得很不安分，十几岁时就通读四书五经，还常常提出一些稀奇古怪的问题，问得老师张口结舌。这还不算，他很小的时候就立志要做圣人，家里人常把这事当作笑话，但王守仁是认真的。

为了实现这个目标，他常做出一些旁人看来颠三倒四、不可思议的事，比如他曾经在新婚之夜抛下妻子，去道观和一个道士论道。别人觉得王守仁精神有问题，唯有他自己明白，自己追求圣贤之道，想成为圣人的理想从没有放弃过。

后来，王守仁也按照父母的期盼，参加科举考试，走上仕途，在朝廷做了一个不起眼的小官。衣食无忧，工作轻松，在别人看来是很值得羡慕的生活，但王守仁提不起丝毫兴趣来，生活中除了和李梦阳谈论一下文学，再也没有其他亮色。这种混吃等死的日子不是他想要的。直到刘瑾杖击事件发生，王守仁一直苦苦在思索心目中的道。

王守仁并非不食人间烟火的书呆子，他心中有着强烈的正义感，眼看上书的官员一个个被打得皮开肉绽，他依然站了出来，上书抨击刘瑾。

由于王守仁的上书言辞非常苛刻刺耳，不出意外，他挨了四十廷杖，随后贬官为贵州龙场驿驿丞，等同于流放蛮荒了。刘瑾依然不解恨，在王守仁流放途中，还派来特务追杀他，亏得王守仁比较机智，逃过一劫。后来他在龙场驿这个边荒之地悟道，创立了大名鼎鼎的阳明心学。某种意义上，刘瑾无心插柳柳成荫，催化了阳明心学的诞生。

刘瑾花了好大力气，才将外臣的抗议风暴压下去，接下来开始清理内廷敌人了。司礼监太监王岳被撤职后贬到南京，一路仓皇逃跑，狼狈不堪，在途中遭遇了刘瑾派来的杀手，横尸荒郊野外。

刘瑾对自己的杰作很满意，接下来他鼓动正德皇帝营建豹房，地址大概在今天西华门附近。豹房修建从正德二年持续至正德七年，耗银二十四万余两。豹房并非养豹之所，而是一个将皇家动物园、娱乐场、特别行政中心等功能集于一身的建筑群。豹房里豢养了大量猛兽，汇集了大量美女，既有中土佳丽，也有西域色目美女。正德皇帝沉迷其中不可自拔，后来索性连皇宫都不回去了，直接搬到豹房常住，一切办公活动也转移到豹房。

刘瑾常常在皇帝玩得正开心之际，"不合时宜"地将大臣们的奏章呈上来。正德皇帝此时哪里顾得了这么多，直接让他看着办，刘瑾等的就是这句话。此后他就直接把内阁奏章抱回家，和死党焦芳商量批阅，然后发下去，变相地掌握了皇帝的权力。

当时军国大事出两个版本，红本送到刘瑾手里，白本送到皇帝手里。刚开始刘瑾还例行公事，到后来连这个程序也不走了。

京城人闲谈起来，都说如今北京城里有两个皇帝，一是朱皇帝，一是刘皇帝；一是坐皇帝，一是站皇帝。

刘瑾尽管权势越来越大，但还是觉得自己的信息不够通畅，总担心内阁大臣们卷土重来，于是怂恿皇帝将关门已久的西厂重新开张，由自己的亲信谷大用掌管，同时安排亲信丘聚掌管东厂。后来他觉得东、西厂也有可能欺瞒自己，又成立内行厂，专门监督东厂和西厂，加上此前锦衣卫指挥使石文义已经投靠刘瑾，一时间，他掌握了大明的四大特务机构，权势熏天。

王岳死后，李荣接任司礼监掌印太监，名义上他是刘瑾的上司，但充其量只是橡皮图章而已，刘瑾根本不把他放在眼里。

正德三年（1508年）六月，宫中流传着一张匿名帖，大肆推崇李荣，把刘瑾批判得一文不值。在眼皮底下发生这种事，是可忍孰不可忍，刘瑾认为这是不甘心大权旁落的李荣在背后捣的鬼，索性把李荣驱逐，自任司礼监掌印太监。至此，他成为名副其实的太监之首。

八虎本来是平起平坐，现在刘瑾一人独大，自然引来别人的不满，八虎中的二号人物张永首先跳出来反对刘瑾专断独行，两人关系越闹越僵，甚至由口角发展到了格斗。

刘瑾想把张永从眼前撵走，赶到南京去，张永自然不甘心，后来皇帝都看不下去了，出来劝慰，都是自己人嘛，何必如此，还特意命谷大用安排一桌酒席，让他们重归于好。于是，刘瑾和张永上演了一出和解的戏码，追忆了当年共同战斗的岁月，做了批评和自我批评，酒喝干，菜吃完，两人依依不舍地道别，看着对方远去的背影，狠狠吐了一口唾沫，呸！

刘瑾太贪心，习惯吃独食，而且吃相很难看，渐渐地马永成、谷大用这些昔日的死党都对他心怀怨言，只是敢怒不敢言，这也为刘瑾后来垮台埋下了伏笔。

替刘瑾卖命出力，他不一定记得住，一旦得罪了他，他会记得刻骨铭心，直到把对方除掉。刘健、谢迁、韩文等人虽然已经罢官，但他仍然不想放过。

正德二年（1507年）三月，刘瑾露出了獠牙，将跟他做对过的人都列入奸党名单，刘健、谢迁、韩文、李梦阳等数十人都在其中。公布名单时，大臣们都跪在金水桥前听宣，许多人被吓得汗水浸透袍服。经过此事，刘瑾成功树立了对朝臣的威慑。

正德三年（1508 年）六月的一天，早朝上再次出现攻击刘瑾的匿名帖，刘瑾气急败坏，命大臣们跪于奉天门下。夏天火辣辣的太阳炙烤着大地，许多人经不住酷暑昏倒在地。后来查明帖子是内廷人员写的，事件才不了了之。经过这件事，刘瑾又给群臣们心理上留下了阴影。

为了达到折磨对手的目的，刘瑾特意设计了一种一百五十斤重的大枷，一旦有人惹得刘瑾不开心，立马拷上大枷，扔到外面晒着，好多人因为不堪重负被活活压死。

此外，为了让官员们没有闲暇，刘瑾故意延长工作时间，让他们每天工作长达十四小时，官员们疲于应付工作，常常筋疲力尽。当然，加班并没有加工资。如果官员装病不上班，就地革职为民。

与此同时，东厂和西厂大小特务也倾巢而出，全面侦探官员和普通老百姓。一时间天下骚动，人心惶惶，都在担心一不小心被特务们盯上。

东厂、西厂原来大多在京城一带活动，在刘瑾带领下，厂卫特务遍布全国，刺探打击政敌，渗入各行各业。内行厂更加酷烈，市井游民如酒保磨工卖水的人，全都驱逐出城，所有寡妇必须改嫁，没有下葬的人全都烧掉丢弃，使京师"汹汹几致乱"。东西厂在伺察别人时，同时受到内行厂的监视，以防止他们相互拆台，或者对刘瑾构成不利，提防在太监内出现新对手。

有一次，都察院递交的审录重囚的本子让刘瑾很不满意，吓得左都御史屠滽亲自带领十三道御史请罪，刘瑾大声呵斥，众人连头都不敢抬，也不敢大声喘气，唯有磕头如捣蒜。瞅着满朝文武一个个战战兢兢，满怀恐惧，刘瑾感到莫大的满足，觉得可以放开手脚肆意妄为了。

刘瑾巧立名目，想着法子捞银子。各级官员无论离京赴任，还是进京述职，都要拿出一定数目的银子孝敬他。

给事中周钥到地方视察工作，和淮安知府赵俊说好借他千金，以便回京后孝敬刘瑾。赵俊满口答应，后来不知何因最后关头反水了，害得周钥回不了京。他知道一旦拿不出银子下场很凄惨，绝望之下只好自杀了事。

给事中许无锡为人清正，以敢言著称。在盘点内库时，他发现有数十笔款项被挪用贪腐，万般无奈之下，写好遗书自杀，要家人在他死后将奏疏上交给朝廷。

其实这些官员就算自杀了，也没有人敢揭发刘瑾，谁都知道，一旦上书，递上去的折子还是要落到刘瑾手里，到头来仍是死路一条。后来，许多谏官一旦觉得得罪了刘瑾，唯恐大祸临头，只好一死了之。

为了培育个人的势力，刘瑾清除政敌的同时，也拉拢自己的队伍。这时出现了一个很有意思的现象，主动投靠刘瑾的人大多数是喜欢行贿钻营的投机分子，这些人除了拍马屁和压榨百姓，什么事也干不成，这一点刘瑾也心知肚明。

比如焦芳是最早投靠刘瑾的、许多人想贿赂刘瑾，首先要经过焦芳之手，一来二去，其中三分之一落到焦芳腰包，剩下的再转交到刘瑾手里。焦芳捞钱很专业，办事能力却稀松平常。

有一次焦芳儿子焦黄中参加廷试，焦芳想内定他为第一名，遭到主考官李东阳、王鏊拒绝，焦芳感到愤愤不平，跑到刘瑾那里告黑状。刘瑾有点厌烦焦芳的嘴脸，便说："黄中昨天在我家做了一首石榴诗，实在太烂了，就这水平你怎么反而赖到李东阳头上？"焦芳只好悻悻作罢。

兵部尚书刘宇是个草包，一心想入内阁，用万金贿赂刘瑾，最终如愿以偿得到了大学士头衔。刘宇踌躇满志地前往内阁办公时，却被刘瑾泼了一盆冷水："你还真把自己当做宰相的料啊，这里岂是你来的地方？"没过几天，刘瑾就以刘宇难堪大任为由将他撵了回去。另外几个才能平庸的官员也被罢免。

同时，刘瑾也提拔了一些干才。像韩福，从基层知县做起，后来担任知府、参政，一步一个脚印，每一任上都政绩斐然，后来在右副都御史任上时不小心犯了事，被捕下狱，刘瑾对韩福的大名早有耳闻，亲自下令将韩福释放，任命为户部侍郎。太仆寺卿屈直为人正直，刘瑾的亲信曾求他办事被严词拒绝，此人立刻跑到刘瑾那里诬陷屈直，刘瑾得知前因后果之后付之一笑，并没有为难他。刘瑾倒台后，人们发现刘瑾重用的并非都是十恶不赦之徒，也有不少是像韩福、屈直这样为官清廉、能力很强的官员。

一方面刘瑾需要抬轿吹捧的帮凶，另一方面他也需要利用能臣良将办事，说明刘瑾并非分不清忠奸贤愚。

刘瑾疑心极强，即使是东厂、西厂办事的大小特务，他也并不完全放心，时常派出内行厂特务监督他们，让特务监督特务，防止他们中有人对自己不忠。同时，对韩福、屈直这样的正直官员却能做到用人不疑，始终待之如一。

正德初年，刘瑾要风得风，要雨得雨。但凡事都有例外，刘瑾也有搞不定的人，比如杨廷和。

杨廷和，四川新都人，如果用一个词形容他，那就是聪明。他从小到大，一直拥有骄人的考试成绩。大明朝是学霸辈出的年代，但他们见到杨廷和也会惭愧。杨廷和二十岁入翰林，三十二岁担任皇帝的授业老师，四十三岁入阁成了大学士，这让那些皓首穷经还升不上去的官员对杨廷和羡慕至极。

有一次，杨廷和给皇帝讲课时意有所指地说："陛下当效法先帝，远小人，近贤臣。"这句话不知怎么传到刘瑾耳朵中，刘瑾马上嫉恨起杨廷和来，心想："好你个杨廷和，这不是讽刺我么？这种人长期留在皇帝身边注定是个祸害，得趁早让他滚蛋！"

第二天，杨廷和就收到职务调动命令，让他立马到南京赴任做户部侍郎去。明眼人都看得出来，杨廷和被打击报复了。接到调令后，杨廷和没有任何怨言，立马收拾行囊到南京走马上任去了。杨廷和的表现大大出乎刘瑾的意料之外，他觉得杨廷和起码应该发发牢骚，而不是就这样不声不响地走了。

没过几天，正德皇帝觉得有些日子没见杨老师了，便问刘瑾他去哪里了。刘瑾知道瞒不住，只好如实回答。正德皇帝听后气不打一处来："杨老师可是入阁大学士，跑南京去做什么，马上给朕调回来。"刘瑾只好照办。

杨廷和回来后仿佛什么事也没发生一样，依然按时上下班，该干吗还干吗。这下刘瑾着急了，这杨廷和什么来头啊！一查才发现，原来杨廷和在正德皇帝没即位前就在太子府担任詹事，专门负责太子的学习工作，师生之间建立下深厚的友谊，太子朱厚照都不称呼其名，而是尊称杨师傅。

难怪杨廷和底气足，原来是有皇帝做靠山啊！刘瑾心里想："行，惹不起你，以后躲着你就是了。"

杨廷和表面上若无其事，内心中已将刘瑾列为死对头，就等时机成熟之际一举铲除，为达到目的，他开始暗自联系李东阳，寻求政治联盟。

刘瑾是乡土观念很深的人，他手握大权之后，拉拢提拔了一部分陕西乡党，其中比较著名的是康海。

康海字德涵，号对山、沜东渔父，陕西武功人，是明朝"前七子"之一，诗歌文章名扬天下，创作的杂剧更是闻名于世，刘瑾对这位老乡非常仰慕，一心想结交。康海为人刚正不阿，打心眼里瞧不起刘瑾，所以对刘瑾的刻意拉拢嗤之以鼻。

正德元年（1506年），李梦阳为户部尚书韩文草拟弹劾刘瑾的奏章，事后刘瑾秋后算账，把李梦阳打入死牢。狱中李梦阳向康海求救，为了救人，康海不得不拉下面子到刘瑾府上说情。刘瑾得知偶像光临，高兴得跳起来，一时间手足无措，拖着鞋子到门口迎接，对康海毕恭毕敬，说话非常客气。得知康海来意后，他很大度地给了个面子，很快李梦阳被释放出狱。

正德五年（1510年），刘瑾倒台，追查余孽时康海因此受到牵连，被罢官。

此时，早已官复原职的李梦阳却恩将仇报，对康海落井下石，极尽污蔑之能事。如此看来，李梦阳这样素日以正人君子自居的人，并没有高尚到哪里去。后来，康海创作杂剧《中山狼》，通过东郭先生救一只中箭逃命的狼，自己几乎反被狼所害的故事，对李梦阳的忘恩负义进行了辛辣嘲讽。

不管是康海还是李梦阳，终不能为自己所用，这一点刘瑾心里很清楚，焦芳这种人能力太次，实在难堪大任，所以刘瑾一直想物色一个得力助手。焦芳也知道自己的斤两，便向刘瑾推荐了一个人，名叫张彩。

张彩，字尚质，号西麓，安定人（今甘肃定西市安定区人），弘治二年（1489年）中举，次年殿试进士，担任吏部主事。

张彩优点多多，人长得帅，眉须如漆，身材修长，皮肤白皙，往那里一站犹如玉树临风，光彩照人，他的口才也特别好，雄辩起来势如长河，无人能敌。有了这两样优点，张彩在当时的妇女界很受欢迎，号称"人妻杀手"。张彩一旦相中目标，很少失手，兔子不吃窝边草、朋友妻不可欺这些原则对他不适用，他常常把手伸向同僚的后院闺阁，然后要么对同僚以调动升迁利诱，要么以罗织罪名威逼，两手交替使用，大多数人乖乖就范。一句话，张彩的私生活很乱，很混蛋。

但工作中，张彩却是另外一番模样，他才学过人，做事干练，不怕撞钉子。弘治年间，辽东守边官员为了邀功，竟然将许多少数民族入贡使者给杀了，上报朝廷谎称杀了入侵贼人，张彩发现之后揭露了出来。张彩的胆识备受马文升、刘大夏等重量级大佬的赏识，也为他以后的发展奠定了基础。

向刘瑾靠拢以后，张彩敢于放大炮的性格没变。群臣见了刘瑾唯恐避之不及，唯有张彩敢于直言相劝。

张彩提出的第一条意见就是要断刘瑾的财路。刘瑾捞银子渠道很多，但见效快的还是要求各级官员交常例。像周钥那样死心眼，因一时筹不上钱就自杀的毕竟是少数，大多数官员心眼比较活泛，为了孝敬刘瑾，让他们自掏腰包肯定不干，于是他们想到了社会融资，通俗点说就是借高利贷，当时在京城有许多专门为各部门官员服务的高利贷公司。当然事后，官员们会巧立名目加倍从老百姓那里捞钱，连本带利赚回来，苦了许多老百姓。

张彩指出："这些官员们就是打着你的旗号去压榨百姓，你不过得了一点蝇头小利，却背上了恶名，而他们却将大头装进了自家口袋，您这是亏大了啊！"刘瑾想想也是，反正自己捞银子路数多，也不差这一项，便下令取消了官员的常例钱。

或许是作恶太久了，偶尔做一两次善事感觉不错，刘瑾在张彩劝谏下，对许多行贿者进行打击，同知王瓒、江西左布政使马龙等贪赃，山东巡按胡节用重金贿赂刘瑾，侍郎张鸾出使福建，敛银二万送刘瑾，给事中欧阳平、御史贝仪、少卿李宣、指挥赵良等，合伙向刘瑾行贿，都受到不同程度的惩处，张鸾所送银两，还被刘瑾送交承运司。

可以说，张彩是为数不多敢于对刘瑾劝谏，刘瑾也听得进去的人。刘瑾因此也改变了不少，可惜的是，历史留给他的时间并不多，他已经逐渐走上了末路。

一切源于一场国家经济查盘活动。查盘内容包括军民府库、钱粮、各边年例银、两淮盐运司盐引、都司卫所军器、柴炭等。查盘其实就是对有关部门及官员的考核活动。

刘瑾推进查盘活动固然有借机打击异己的想法，但同时也有整顿吏治的目的。查盘活动开展以来，许多官员被清理，就是刘瑾的心腹也受到冲击，比如兵部尚书刘宇是刘瑾的得力干将，因害怕早年在巡抚任内的事受到牵连，整日心惊胆战。

正德三年（1508年）六月，对于如何处置在查盘活动中发现的不称职的官员，刘瑾和李东阳出现了意见分歧。李东阳认为有的人最多负有领导责任，追缴损失即可，顶多罢免官职就够了。刘瑾表示不同意，他指斥："如钱钺之擅改禄米，张缙、马中锡等之不职，王时中之酷烈，许进之越制选官，刘健、谢迁、韩文之无知叩阍，尤有不能尽举者，不治何为？"

在查盘活动中，各边镇的年例银是个重点检查对象。明朝为了防守蒙古，在北部边境沿长城一带设置辽东、宣府、蓟州、大同、太原、延绥、宁夏、固原、甘肃九个边防重镇，为了维持九镇的运转，朝廷要花费巨额的国防开支。在正常军需开支之外，如遇到自然灾害或者蒙古频繁入境滋扰等特殊年份，还有相当数量的补贴，称作"年例银"。年例银后来逐渐常态化，而且数额不断增长，正德元年（1506年），宣府和大同在五万两年例银之外，又分别送银六十一万两和四十万两，辽东在十五万两年例银之外，又送银三十三万四千两。

数目庞大的例银绝大多数落入边镇官僚将领私囊，并没有用到改建边关防守设施和改善普通士卒生活待遇上。面对这个无底洞，朝廷财政吃紧，普通士兵怨言很大。这种情况不能再继续下去了。

正德三年（1508年）三月，户部按照惯例又要给各边镇送例银。朝廷认为各边镇既有军队屯田，又有各部门供应粮草，而且在天顺年以前没有例银这一说，因此下诏以后取消例银，毫无疑问这是刘瑾在背后推动的。

对于边镇的查盘活动还在进行。正德三年五月，经过有关部门的紧张统计、查询之后得出结果，从弘治十五年（1502年）至正德三年，给辽东、大同、宣府、宁夏、甘肃、榆林各边镇的年例银共五百零四万六千七百五十三两有余，在查盘中发现诸边镇存在惊人的浪费现象，比如作为战马饲料的糠秕和草料等军事物资储备，在有的地方由于管理不善大量烂掉了。

正德二年（1507年）十二月，在宁夏大河口驿发现新旧草烂十四万三千三百束。

正德三年（1508 年）八月，查盘延绥等处仓库，粮料糠秕浥烂三万六千余石，布匹浥烂三万三千三百二十余匹。九月，查盘建昌松潘等仓，侵盗浥烂万余石。这些都是严重的渎职失职行为！

很快，相关问题责任人或被下狱，或被罚款、罚米。但是在处置过程中也牵连了一些无辜官员，比如杨一清。

杨一清字应宁，号邃庵，别号石淙，南直隶镇江府丹徒（今属江苏）人。弘治十五年，杨一清出任督理陕西马政，成绩蔚然。马匹当时是重要的战略装备，明军和蒙古军作战常常由于马匹不够精良吃亏。武宗正德元年（1506 年）杨一清总制三镇军务，下辖延绥、宁夏、甘肃三镇。

刘瑾主政以来拉拢了朝廷各个部门的一些人，他觉得这远远不够，还想笼络地方特别是沿边的重要人物，所以他想把杨一清收入麾下，但是杨一清明显对刘瑾不感冒，一副爱理不理的样子，这让刘瑾恼羞成怒。当时，杨一清正在主持修建在宁夏的长城，刘瑾便找了个借口把杨一清免职。

杨一清被罢官后没有流露任何个人情绪，只是很诚恳地提出，希望让张彩接替自己的职务。这让刘瑾很疑惑，所有人都知道，张彩是他刘瑾的人，杨一清这样做究竟是何用意？难道他们背着自己有见不得人的勾当？刘瑾开始对张彩产生了怀疑。

刘瑾一旦嫉恨上一个人，便不会轻易罢休。杨一清很快被扣上贪污挪用修建长城工程款的罪名，投入大牢，刘瑾想让杨一清知道得罪他下场是什么，很显然他不打算让杨一清再活着出去。

李东阳和杨一清有着很深的友情，于是出面保杨一清。面对自己重要的合作伙伴软磨硬泡，刘瑾终于松口了，杨一清出狱了，仰望长叹，自由的感觉真好！

杨一清离开了京城，临行前回望了一眼高大的城阙，心中默念："终有一天我还是会回来的。"

撵走杨一清以后,刘瑾决定再做一件大事——清查军屯。在盘查沿边诸镇时,刘瑾发现除了军事物资浪费、贪污、克扣以外,军屯土地也存在很大问题。军屯历代都有,是为了解决边防军队的后勤供应,让军队就地开荒种田,一方面可以解决从内地运粮周期长消耗大等问题,减少朝廷的财政压力,另一方面也增加了底层士兵的收入。士卒们战时操起武器上阵杀敌,闲暇扛起锄头种庄稼,实现耕战一体。

可以说,屯田制度是个好制度,但是再好的制度,日子一久就难免变质。从朱元璋创立军屯以来,至正德年间,一百多年过去了,如今的屯田早已不是当初的模样,通过不断兼并,大量土地集中在高级军官将领手中,他们成了军营地主,许多底层士兵早已没了土地,过着衣不遮体饥寒交迫的日子,更要命的是明朝规定军人为世袭制,就是爷爷辈是当兵的,子子孙孙都得当兵,没有别的选择,逃荒更是杀头的大罪。总之一句话,广大士兵生活在水深火热中。

屯田存在的问题,朝廷上下都清楚,但谁都不敢站出来,因为得罪的人太多,更何况这些人手里掌握着军队,万一逼急了,他们犯起浑来,刀剑不长眼,可不是闹着玩的。如今,刘瑾却要趟这摊浑水,显然他对水深根本不了解。

杨廷和想给刘瑾晓以其中利害关系,让他明白其中的门道,但被李东阳制止了。刘公公愿意往火坑里跳,对内阁来说再好不过,自然乐观其成,李东阳不介意再推一把,毕竟没有永远的盟友。

刘瑾为何愿意这么做,说他为广大底层士卒的利益着想,恐怕他自己都不信,想在军队中立威、捞政绩才是实在的。可不管出发点是什么,刘瑾此番做法客观上有利于推动屯田改革。

张彩很快找到刘瑾，直截了当说出了自己的担忧，要他看清楚问题没这么简单，并要他多提防杨一清。现在的刘瑾，早已不像当初那样对张彩言听计从，他心想："要我防着杨一清，你自己却和杨一清有说不清的来往。"根本没把张彩的话放在心上。面对自信满满的刘瑾，张彩已看出他的时日不多了。

正德四年八月，刘瑾开始对屯田进行全面的丈量。朝廷派出各部门高级官员分别奔赴各边镇，主抓军屯测量工作：

户部侍郎韩福赶往辽东；

兵部侍郎胡汝砺赴宣府；

大理寺丞杨武赴大同；

通政司左通政丛兰赴延绥；

大理寺少卿周东赴宁夏；

尚宝寺卿吴世忠赴蓟州；

兵科给事中高涝赴沧州。

从这个名单中可以看出，朝廷各部主要官员悉数出动，可见刘瑾对这项工作有多么重视，一场声势浩大的屯田清查活动轰轰烈烈地展开了。

在刘瑾的高压政策之下，受命清查的官员不敢偷奸耍滑。高涝清查沧州草场屯地，将涉案侵占屯田的六十一位官员拉下马，这些人中就有自己的父亲高铨。敢拿自己父亲开刀，可见这次清查活动不是做做样子、走走过场那样简单了。

正德四年闰九月，户部奉诏再次对诸镇申明了政策：

内外镇守官，朝廷重托，俱准以水旱地各十顷，副总兵半之；分守、监枪、游击各旱地十顷，守备半之，免其征税。其余愿自佃种者，照例起科，多余田地拨与空闲舍余人等承种佃种，明立文册。敢有奏讨并吞并者，科道官查记重罚之。

清查官员对清理出来的土地重新做标记，作为朝廷征收赋税的依据，许多镇守将领被逼得将吃下去的如数吐出来。

屯田清查活动触犯了很多人的利益，必然会引起反扑，何况那些手里握有刀把子的兵大爷们。稍微一点火星，就会点燃叛乱的火焰。

放这把火的是大理寺少卿周东。周东到了宁夏以后，为了冒功故意夸大军屯土地田亩。他没那个胆量向军营地主们开刀，只有将手伸向本来就过得苦不堪言的屯田士卒们，索贿、打骂不算，还欺辱士兵家属。

是可忍孰不可忍！反了吧！宁夏都指挥使何锦勾结宁夏安化王朱寘鐇发动叛乱。安化王朱寘鐇跟皇帝血缘已经比较远了，祖上封到宁夏，天天面对着黄沙和西北风，日子过得苦哈哈，一直想改变一下命运，野心蓄谋已久，只是苦于没时机，如今何锦找上门来，双方一拍即合。

发动叛乱总要把自己描述成受害者，刘瑾屯田清查恰好给了一个绝好的理由。朱寘鐇将矛头对准刘瑾，在讨檄文告中描述刘瑾的种种不法行为。

朱寘鐇的檄文很快就出现在刘瑾手中，他当然不敢拿给正德皇帝看，只得暂且压住不上报，不过朱寘鐇造反的事是瞒不住的，便找来李东阳和杨廷和商量对策。两人一致推荐杨一清出马，带兵前往宁夏镇压叛军，理由也很充分，杨一清在宁夏干了那么久，熟悉当地情况。此时刘瑾也顾不了太多，赶紧同意下来。

按照明朝军队制度，大军出征，军中必须要配一位监军，通常是由太监出任。最后决定由张永担任平叛大军的监军，就是当初和刘瑾大打出手的那位张永。杨一清与刘瑾有仇，张永与刘瑾结怨，敌人的敌人就是朋友，两人一拍即合，刘瑾的好日子要到头了。

大军开拔，到了宁夏，显然朱寘鐇造反的雄心与他的战斗力不相配，三下五除二就被杨一清平定了。

接下来该商量下一步怎么办。很明显,杨一清不喜欢太监,不管是刘公公,还是张公公,杨一清都一律鄙视。在剿灭叛乱过程中,杨一清很快发现张永此人与以往他印象中的太监不一样,尽管他也曾名列八虎,但言谈举止间流露出一股正义感。比如大军平叛后,张永首先想到的是张贴安民告示,约束士兵滋扰百姓,这让杨一清不由得重新审视这位张公公。与张永的闲谈中,杨一清发现张永对刘瑾深恶痛绝,他们很快达成共识,决定借献俘之际一举铲除刘瑾。

刘瑾得知平叛胜利后,毫不客气地将功劳揽在自己名下,张永从宁夏押着俘虏回京,刘瑾隐约预感到有点不妙,便设法延迟张永进城,结果没成功,张永不但进了城,还进了皇宫,直接出现在正德皇帝面前。原因很简单,正德皇帝很喜欢打仗,他很想听听前方打仗的详细经过。

在庆功宴上,张永一直没提朱寘鐇檄文的事。等论功行赏完毕后,已是夜幕降临,正德皇帝也已经喝得七荤八素。刘瑾确认皇帝已经无法再听张永的汇报,便安心回到府中,张永则留在了皇帝身边。这注定是改变刘瑾命运的一夜,但他当时却没意识到。

张永知道这是他扳倒刘瑾的最后机会了,趁皇帝屏退左右之际,他将朱寘鐇的造反檄文铺在皇帝桌上,上面列着刘瑾的桩桩罪名。正德皇帝此时已是醉意朦胧,看不太清,张永早有准备,从袖中掏出一张状纸,一条条念给皇帝听,上面共列刘瑾十七条大罪。具体来说有谋反、私养武士、私藏兵器、激起兵变等罪名,其中任意一条都足以置刘瑾于死地。

正德皇帝震惊之下,酒醒了一大半,立刻下令东厂马永成逮捕刘瑾,由张永前往传旨,贬刘瑾为奉御,发配到凤阳,家产没收归公。

第二天,刘瑾垮台的消息传来,很多人都不敢相信,这位炙手可热的刘公公就这样一夜之间完蛋了?直到看见大量金银珠宝被从刘瑾府中一车一车拉出来，大家才相信这是真的。

从刘瑾家中抄出的白银有五百多万两，奇珍异宝名人书画不计其数，数量之大震惊了所有人，甚至引得正德皇帝本人也跑来观看。

刘瑾并不甘心就这样失败，决定再赌一把。他设法与皇帝取得联系，自称如今身无一物，只希望皇帝能赏赐他一件御寒的衣物。正德皇帝得知后，不由得想起以前刘瑾的种种好来，心下不忍，便让人送给刘瑾一百多件衣服。

张永得知后大惊失色，看来皇帝对刘瑾还有留恋之意，一旦动了恻隐之心放过刘瑾，等他翻身，自己将死无葬身之地。对敌人的宽恕就是对自己的犯罪，张永坚绝不会犯这样的错误。张永看出来了，单凭刘瑾贪污银子，哪怕数量再大，皇帝都不会对他下死手，得找出一些更有力的证据，让刘瑾彻底没有翻身机会。

张永对刘瑾家再次开展掘地三尺式的大搜查，要求绝对不放过任何死角，很快搜出了私刻的玉玺、盔甲、弓箭、龙袍、玉带等，这摆明了要谋反，更让人震惊的是，在一把扇子内竟然藏着匕首，而这把扇子刘瑾经常不离手，看来他是时刻准备刺杀皇帝。至于为何在第一次大搜查中没发现这些东西？只有天知道了。至此，正德皇帝对刘瑾再无任何眷顾之意，下令三法司会审。

官员们这些年被刘瑾整害怕了，由于条件反射，见到他就习惯性紧张，支支吾吾，提不起胆来审问。倒是刘瑾顾盼自如，用蔑视的眼神看着他们，语气充满了鄙夷："你们哪一个不是咱家一手提拔的，有什么资格来审问我！"众会审官员一个个低头噤声，不敢大声喘气。刘瑾本来口才了得，很快他反客为主，将对他的审讯变成了无罪宣讲会，讲起话来滔滔不绝、气势如虹，主审官反而成了听众。

此势不可助长，在一旁的驸马蔡震再也坐不住了，下令官校给刘瑾掌嘴，才将刘瑾的气焰给打压了下去。审问刘瑾对大家来说简直就是一场折磨，诸审讯官员很快达成一致意见，以谋反罪将刘瑾凌迟处死。判决很快得到正德皇帝批准。

刘瑾行刑之日，万人空巷，围观的人将刑场围了个水泄不通，只为一睹这个昔日高高在上、不可一世的特务头子的最后下场。按照判决，刘瑾需要剐三千多刀，凌迟三日，可他没扛多久就一命呜呼了。许多对刘瑾怀有深仇大恨的民众前来用钱买刘瑾的肉，以发泄心中的愤怒。

刘瑾死后，正德皇帝下诏关闭西厂和内行长，这两个曾经不可一世的特务机关就这样随着刘瑾一起烟消云散了。

刘瑾曾经权势熏天，但他再强大，也不过是皇帝手中的棋子，皇帝一句话可以将他送上云端，也可以将他送入地狱，翻云覆雨，不过动动手指而已。

小贴士：令人毛骨悚然的诏狱

诏狱不归刑部等司法机构管辖，由锦衣卫北镇抚司直接管理，刑部、大理寺、都察院等三法司无权插手。东厂成立之初，缉拿的犯人也交到诏狱。诏狱是名副其实的人间地狱，这里暗无天日，墙修得特别厚，所以不管怎么用刑，外界根本听不到。诏狱的酷刑骇人听闻，有拶指、上夹棍、剥皮、拔舌、断脊、堕指、刺心、穿琵琶骨等十八种。跟它一比，刑部监狱可以称得上天堂了。一旦被送入诏狱，那就意味着脚已迈进鬼门关，很少有人能活着出来。顾炎武在《诏狱惨言》中记载了杨涟等东林党人在诏狱中遭受的种种酷刑折磨，至今读来仍然不寒而栗。

第六章

厂公的政治抱负

——万历新政的推动者冯保

书架上密密麻麻堆满历代绝版古籍，古董架上到处是布满铜锈的商鼎周彝，宋元瓷器在透过窗棂的阳光下泛着幽幽青光，书屋主人正在抚琴，琴声时而犹如鹤唳九天，时而似泉声幽咽，忽然铿锵一声，主人放下琴，缓缓走到书案前，徐徐展开一卷古画，仔细把玩起来。

画面上一座高大的城楼，两边屋宇鳞次栉比，有茶坊、酒肆、脚店、肉铺、庙宇、公廨等等。店面有销售绫罗绸缎、珠宝香料、香火纸马的，也有医药门诊、大车修理、看相算命、修面整容，各行各业好不热闹。街道旁的商铺悬挂旗帜招揽生意，街市行人摩肩接踵、川流不息。吆喝小贩，散步士绅，骑马官吏，乘轿眷属，行脚僧人，男女老幼，士农工商，三教九流，无所不备。画面中心一座横跨河流的虹桥，格外引人注目。

主人把玩半晌之后，提起笔，在画尾写下如下文字：

"余侍御之暇，尝阅图籍，见宋时张泽端清明上河图，观其人物界画之精，树木舟车之妙，市桥村郭，迥出神品，俨真景之在目也。不觉心思爽然，虽隋珠和璧，不足云贵，诚稀世之珍宝，宜珍藏之。司礼监太监镇阳双林冯保跋。"

这幅画，就是今天家喻户晓的国宝《清明上河图》，而题跋人正是明朝万历年间的司礼监太监冯保。跋语现在还完整保存在藏于故宫的《清明上河图》上。

冯保的文化修为之高，就是置身于当时的文艺圈也是一流大师。他在书法、音律等方面都是一等一的高手，当时的士林也不敢小觑他，然而所有这些不过是冯保的业余生活罢了，他的主业是大明特工头子，东厂提督。

冯保表面上吟诗抚琴，说话温文尔雅，语速不急不缓，但如果就此认为他是和善可爱的吉祥物，那就大错特错了，实际上他权力巅峰之际，一旦亮出獠牙，跺跺脚，大明江山都要晃三晃。

冯保是河北深县人，字永亭，号双林，早年生世不详，入宫时间没有翔实记载。至明世宗嘉靖年间，他已爬到司礼监秉笔太监位置上，明穆宗隆庆元年（1567 年）担任提督东厂兼管御马监。冯保之所以在宫里平步青云，一方面是他深谙权谋，另一方面，他的一手好书法加分不少。但不知为何，冯保总无法博得隆庆皇帝的欢心，皇帝对他始终流露出一种不冷不热不近不远的态度，这让冯保心里不踏实。虽然他手里掌握着东厂，但总不能监视皇帝。

日子就这样一天天过去，冯保的心总是处在忐忑中，只有愈加谨慎地干好本职工作。作为秉笔太监，冯保每天要处理大量公文奏章，工作烦冗复杂，虽然劳累但也乐在其中。他想自己出色地工作，总有一天皇帝会看在眼里。冯保的志向绝不止步于秉笔太监，既然无法享受常人儿女绕膝的天伦之乐，除了权力再没有什么让他痴迷，他想百尺竿头更进一步。

终于机会来了，司礼监掌印太监出现空缺，冯保在司礼监工作多年，有丰富的工作经验，且现在是秉笔太监，按理说怎么也该轮到他了，冯保等这一天已经很久了。

然而，任命书颁布下来让冯保大跌眼镜，接任者竟然是御用监陈洪。御用监是掌管皇家御用器物的一个部门。不从本部门选拔专业人才，却从别的衙门调一个业余管理者来做上司，这让冯保很郁闷，他很想知道原因。作为东厂厂督，想打探个消息并不难，很快他得知是内阁大学士高拱捣的鬼。

过了一段时间，陈洪去职，冯保再次燃起了希望，心想这次该轮到自己了吧，但任命书下来，依然不是冯保，而是尚膳监太监孟冲，而把孟冲推上司礼监太监宝座的依然是高拱。冯保在心中默默咒骂了高拱无数遍："好你个高拱，上次把一个管仓库的调到我头上，这次又把一个成天浸在大蒜生姜堆里的人调到我头上，愣是对满腹经纶的冯某人视而不见，这是成心跟我过不去吧！"

经过司礼监这两次人事变动，冯保和高拱的梁子越结越深。让一个心理扭曲、人格不全的太监受伤已经是很麻烦了，何况他还是个东厂头子，高拱以后的日子注定要难过了。

高拱与冯保作对，凡是对高拱有所了解的人并不感到意外，这是他一贯的作风。在这以前，远比冯保厉害的角色他都敢于得罪。简单介绍一下高拱。

高拱祖籍山西洪洞，后来迁徙至河南新郑，他出身官宦世家，祖父高魁和父亲高尚贤都做过朝廷高官。生于显宦家庭的高拱受过良好教育，很早就表现出了过人的聪颖，据说"五岁善对偶，八岁诵千言"。他嘉靖二十年中进士，一年后授翰林院编修，没多久便被任命为裕王朱载垕（即后来隆庆皇帝）的侍讲学士。

嘉靖四十五年，经首辅徐阶推荐，高拱拜文渊阁大学士。按理说，徐阶对高拱有知遇之恩，他应当知恩图报，在内阁决议和朝廷大计上就算不配合徐阶，至少也可以保持沉默。然而，高拱天生性子冲，自视甚高，做事锋芒毕露，说起话来粗声粗气，动辄吹胡子瞪眼，为此很多同僚看见他就躲得远远的。即使是对徐阶，一旦意见不合，他也丝毫不给面子。高拱这种作风显然不适合在朝廷里混。果然，后来胡应嘉、欧阳一敬一干人串通一气，逼得高拱下岗走人。

嘉靖皇帝去世，隆庆皇帝即位。一朝天子一朝臣，隆庆二年七月，徐阶在政治斗争中失败，被迫退休归乡。与隆庆皇帝有师生之谊的高拱被召回来，任内阁首辅，兼领吏部。

高拱一上台就将徐阶所有政策全部推翻，大刀阔斧对朝廷各衙署官员重新洗牌，经考核不合格的官员一律辞退。他大声告诉那些官员遭到罢免的缘由，条理清楚，入情入理，听者无不被高拱的气势所慑服，哪敢辩解，只有赶紧收拾包裹打道回府。

高拱工作很强势，内阁尽在他掌控之中。内阁工作离不开司礼监的配合，为了顺利开展工作，他自然希望选一个听话的人来担任司礼监掌印太监，这样内阁和宫内沟通起来也省不少事。冯保在高拱眼里太过狡黠，所以他宁愿推荐庸庸碌碌的陈洪和孟冲，也不愿冯保上位。

冯保虽然嫉恨在心，但也不敢公开与高拱作对，毕竟高拱在隆庆皇帝心中的分量冯保掂得清。隆庆皇帝春秋正盛，三十多岁，他和高拱在朝政大局上亲密配合。冯保有些泄气，觉得前途一片渺茫，想要更上一层楼犹如水中月镜中花，遥不可期。

冯保只好以静制动，默默等待，相信凡事总有转机。哪怕隆庆与高拱是无缝焊接，冯保也要想法找出个缝隙下蛆，就算隆庆皇帝是个铁疙瘩，冯保也要用他的双手焐热。

作为执掌东厂的特工头子，冯保不但是文化大师，还是心理专家，他知道是人就有弱点，有弱点就好对症下药。他知道隆庆皇帝的弱点在哪里，与历史上绝大多数帝王一样，隆庆皇帝也沉迷于女色不可自拔，虽然正当盛年，但面对紫禁城后宫内庞大的皇家眷属，他已表现出力不从心。冯保适时地将各种成人用具及房中药物送到皇帝卧榻之侧。有了冯保鼎力相助，隆庆皇帝顿时感到龙马精神、勇不可当，对冯保的好感也自然添了几分。

现代体育比赛都有一道红线，不得使用兴奋剂，因为兴奋剂不但破坏了比赛公平性，而且对运动员本人身体也会造成很大伤害。而隆庆皇帝差不多将"兴奋剂"当饭吃，也没人敢阻止，所以短短数年后，身体差不多被掏空了，一病不起。

冯保给隆庆皇帝不断提供"海荡之器""邪燥之药"，同时积极巴结讨好陈皇后和李贵妃。陈皇后没有子女，李贵妃之子朱翊钧被立为皇太子。按理说，后宫出现这种情况就会上演宫斗大戏，争个你死我活，但陈皇后为人淡薄恬静，待人和善，李贵妃也识大体，所以两人一直相安无事，相处和睦。

眼看皇帝身体越来越差，冯保往李贵妃宫里跑得越来越勤，不断向李贵妃暗示，皇帝是在司礼监掌印太监孟冲教唆下拖垮了身体。李贵妃对孟冲的愤怒与日俱增，对冯保也越看越顺眼。孟冲不算冤，他确实给皇帝提供了大量房中药物，只不过他仅仅是给皇帝供药的人之一，而如今黑锅必须由他来背。

皇帝身体越来越差，大家都有一种预感，隆庆皇帝时日不多了，改朝换代的时刻即将到来，所有人都开始为自己的未来打算。

不仅冯保在为将来铺路，内阁中也有人在谋划，此人正是大学士张居正。冯保和张居正志趣相投，为了共同的目的走到一起。为避免临时手忙脚乱，他们开始提前着手起草皇帝遗诏，但不料保密工作不到位，此事被高拱撞见。

高拱勃然大怒，这本该是内阁集体的决定，或者说是首辅分内之事，张居正竟敢私下和一个太监商讨遗诏，分明是没把首辅放在眼里。高拱觉得自己作为内阁首辅的权威受到了挑战，严厉斥责张居正不该背着自己和内宫宦官一起搞政治同盟。张居正自觉理亏，一脸讪笑向高拱谢罪，表示会做出深刻检讨和反思。至此，高拱和冯保的关系彻底崩了。

在油尽灯枯之际，隆庆皇帝集体召见内阁辅臣高拱、高仪、张居正，和大家做临终道别，并托付后事，秉笔太监冯保在旁陪侍。夜幕降临，乾清宫内烛光摇曳，映衬着隆庆皇帝枯黄的脸，众臣及后妃依次跪在卧榻之前，高拱握着皇帝的手老泪纵横，宫内弥漫着悲伤的气氛。皇帝断断续续进行了托孤，由冯保宣读遗诏，任命高拱、张居正、高仪为顾命大臣，凡有大事与司礼监商议定夺。当时司礼监太监尚是孟冲，孟冲为高拱心腹，因此高拱并未察觉不妥。领旨完毕，高拱一等人哭拜离宫，隆庆皇帝当夜驾崩。

就在高拱等朝臣为大行皇帝丧礼忙得不可开交之际，冯保到内阁宣布皇帝另外一道遗诏，内容是："冯保领司礼监掌印太监，阁臣与司礼监同受顾命。"高拱明白过来了，冯保也是顾命大臣之一。他对这份遗诏内容深表怀疑，但又拿不出证据，隆庆皇帝已死，死人没法说话作证，而陈皇后和李贵妃全力支持冯保，高拱只得接受现实。

隆庆皇帝去世一个月后，年仅十岁的皇太子朱翊钧即位，改元万历，是为明神宗。在万历皇帝登基大典上，冯保一直站在年幼的皇帝身旁，仿佛他就是皇帝的监护人，和皇帝一起接受群臣的朝拜，这让高拱心里甭提多别扭，也让许多文臣感到不满。

此时的冯保同时掌握司礼监和东厂，权势暴涨，自觉扮演起皇帝监护人的角色。今天小学生在学校犯错误，班主任会第一时间通知家长，让家长来收拾。冯保采取同样的策略，只要万历皇帝有任何出格或者不听话的举动，马上报告给李太后。万历皇帝虽说是皇帝，但此时仅仅是个十岁的孩子，孩子的天性是好动贪玩，有时候小皇帝玩得正开心，冯保冷不丁窜出来，板起面孔教训起皇帝来，而且训起来一点都不含糊，丝毫不给小皇帝面子，动辄就说："皇上，你该好好读书才是，你要是再玩耍，咱家这就告诉太后去。"小皇帝立马吓得小脸煞白，抱住冯保的腿一再央告。

冯保对小皇帝的管教，出发点也许是好的，但他忽略了两点，一是皇帝虽小，但他永远是皇帝，自己虽然强势，究竟是奴才；二是皇帝终究会长大，他必然会老去，这是自然规律，谁也无法逃脱。

冯保的严厉管教给童年万历的幼小心灵留下了阴影，以至于他一听见冯大伴来了，就条件反射般地浑身哆嗦，小皇帝很惶恐，冯保很满足，这为他日后倒台埋下了伏笔。

冯保权力越来越大，手从后宫伸到了前朝，引起内阁首辅高拱的不满。他毫不犹豫地要捍卫手中的权力，为了表明这不是他高拱与冯保的个人恩怨，而是内阁的集体意见，他联合内阁高仪、张居正一起联名上奏。

高仪生性软弱，又是经高拱推荐才入的阁，面对强人高拱，自然不好驳面子，畏畏缩缩地在奏折签下名字，令人意外的是张居正也爽快地签名了，高拱性子直，也没多想，还以为张居正被自己一番慷慨陈词打动了。

其实张居正觊觎高拱首辅之位已久，他早已和冯保达成攻守同盟。高拱的折子还未递上去，消息已经传到冯保耳朵里。皇帝还小，没能力批阅奏折，高拱的折子自然落到冯保手里。冯保带着轻蔑的笑容，拿起朱笔在奏折上轻飘飘写下三个字"遵祖制"。冯保这一招举重若轻，简简单单三个字就把高拱洋洋洒洒数千言的折子驳回了，表面上看是告诉高拱按过去方针路线办，设立司礼监是祖上规矩，谁也不能改，实际上就是告诉高拱，想捆住他的手脚门儿都没有。

前往内阁传旨的小太监一本正经地对高拱说，这是皇帝陛下的意思。高拱不是傻子，自然不信这种鬼话，依他的直性子，心里肯定在想皇帝不过是十岁的娃娃，懂个屁，还不是冯保捣的鬼。但他心里想想也就罢了，偏偏改不了心直口快的毛病，当即脱口而出："十岁天子，如何治天下！"这下可坏了，小太监一回去，立马向冯保报告。

冯保一听，冷笑一声，高拱的死期不远了。他立刻动身去找两宫太后，高拱原话经他一转述就变成"十岁孩子如何做天子"。陈、李两宫太后一听，又惊又怒，这高拱分明倚老卖老，欺负孤儿寡母，没把咱们放眼里啊。

冯保见已成功点起两宫心中的怒火，目标已经初步达到，他暗下决心，这一次绝对不能失败，因为他已经有过一次失败经验。那次较量发生在隆庆皇帝病重期间，冯保联合张居正暗中鼓动户科给事中曹大埜上奏皇帝，揭发"大学士高拱不忠十事"，里面有些事确实有案可查，有些事是牵强附会，不过由于隆庆皇帝绝对倚重信任高拱，高拱不但安然无恙，曹大埜反而被治罪。高拱岂能咽下这口气，放出话来自己要撂挑子走人，同时指使御史张集上本弹劾冯保和张居正，奏章中含沙射影，将冯保比拟为秦朝赵高，被冯保逮住把柄，派太监到内阁问话，"既然冯保是赵高，那么秦二世是谁？"这话就比较严重了，如果再闹下去只能两败俱伤，最后张居正出面服软，向高拱道歉收场。

往事历历在目，冯保下定决心，这次无论如何决不能让高拱再有机会翻身。为了让火烧得更旺，他打算再浇上一盆油。高拱之所以如此牛气哄哄，依靠的是隆庆皇帝对他的信任，所以还要从死人身上做文章。

由于隆庆皇帝死在不能说的缘由上，两位太后对给皇帝提供药物的那些人痛恨至极。恰好冯保控制了一名曾为隆庆皇帝研发房中丹药的道士王真人，便决定从王真人身上寻找突破口。

王真人被送到东厂大牢，由东厂、锦衣卫指挥使徐爵（此时锦衣卫早已投靠冯保）、高拱指派的官员三方会审。徐爵一脸笑意，表示对王真人这种罪大恶极之徒，不拿出点东厂看家审讯本领，他是不会轻易招供的。对这种建议高拱代表方自然不好回绝，点头表示同意。东厂大牢阴森恐怖，光线昏暗，摆列着各种血迹斑斑的刑具，看得人不由得后背发凉，游走在里面仿佛魂游在地狱，高拱代表官员们巴不得早点结束会审，逃离这种鬼地方。

徐爵看在眼里，脸上的笑意更浓了。他下令将一口大缸搬到大堂中央，将王真人扔到大缸内，然后将烧得发红的鹅卵石投入缸内。整个过程一丝不苟，犹如行云流水。只听见王真人皮肉被石头烫得滋滋响，很快大厅内弥漫起烤焦肉味儿，整个过程中徐爵脸上一直笑意不减，仿佛是在完成一件艺术品。他是用请君入瓮的方式向他们特工界的前辈来俊臣致敬。

王真人起初被烫得乱跳，挣扎了几下后就不动了，高拱属下一看情况不妙，急忙喊停，但等把王真人从大缸内拽出来，他的身上深深嵌入了大量的碎石子，人早已没了气息。高拱属下这些文官哪里见过这种阵仗，早已呕吐一地，狼狈而逃。原来那些烧烫的石头早被浸透了毒，一粘皮肤，必死无疑。

王真人之死很快被报到冯保那里，于是冯保一脸凝重地出现在李太后面前，"三方会审，由于高阁老派去的人执意要求用刑，结果王道士死于非命。"冯保边看着李太后边轻若游丝地说："唉，只是这样一来，先帝……唉……"就这半句话，重重击在李太后心脏上，房间内静得可怕，李太后什么都没说，忽然她手中的佛珠断了，散了一地，冯保忙躬下身去捡，脸上浮出一丝不易察觉的笑意，那一刻他明白，高拱完了。

隆庆六年六月十五日（当时尚未改元），群臣被召于会极门听诏。高拱听闻摆出如此大阵势，还以为是宣布罢黜冯保，心里充满了期待。高拱带领群臣跪伏在地上，太监用细长的嗓音宣读皇太后、皇帝联合下发的旨意："告尔内阁五府六部诸臣！大行皇帝殡天先一日，召内阁至御榻前，同我母子三人，亲授遗嘱曰：'东宫年少，赖尔辅导。'乃大学士高拱，揽权擅政，威福自专，通不许皇帝主旨，我母子日夕惊惧，便令回籍闲住，不许停留！尔等大臣受国厚恩，如何阿附权臣，蔑视幼主？自今宜悉自洗涤，竭忠报国，有蹈往辙，典刑处之！"

这一切来得太突然，完全超出高拱意料，诏书一字一句犹如千钧敲击着高拱的耳膜。瞬间，他浑身汗如雨下浸透袍服，宣旨完毕后，他几次试图站起来，但都没成功，还是张居正跑过来一把搀起了他，架着往外走。

望着高拱狼狈的背影，冯保脸上露出了胜利的笑容。作为冯保的盟友，张居正觉得很有必要把双簧唱下去。他联合高仪请求皇帝留下高拱，结果当然是不批准，于是张居正退而求其次，上书皇帝希望念在高拱为朝廷效劳多年，加上他年事已高，让他从驰道回家，减少一些路途颠簸，这一次皇帝同意了。

不过，高拱回乡之旅并不顺利，他带着家小乘一辆骡车刚离开京城，所带行李就被冯保派来的东厂特务抢走，一路艰难，好不容易才回到河南新郑老家。

很显然，冯保不愿意让高拱就这样安度晚年，因为他知道，像高拱这种高能量的人，必须让他彻底消失，不然难保他哪一天又杀回来，那样自己必会沦入万劫不复之地。

高拱回到家没多久，发现他宅院四周有大量陌生人走动，马上明白过来了，冯保对他还是不放心。事实上，那些人正是冯保派来的东厂特工。不过，这些特工们并不是来暗杀高拱，恰恰相反，他们是防止高拱自杀。冯保并不想采用暗杀这种手段，而是想借用皇帝之手光明正大除掉高拱，永绝后患。没多久，高拱接到新任首辅张居正的书信，信中对他好言安慰，劝他不要消沉，不要想不开，安心养老。张居正一面稳住高拱，一面在大殿上言辞切切地劝皇帝严查高拱。

与此同时，冯保在宫内一刻也没闲着，高拱就像扎在他心头的刺儿，不除掉他寝食难安。经过和高拱的多年较量，他知道单靠几句捕风捉影的话很难除掉高拱，毕竟高经过多年的经营，在朝中有大量门生故吏，要让这些人说不出或者不敢说反对的理由，只有一个方法，那就是告发他刺杀皇帝，历朝历代，这是诛灭九族的大罪。

此刻高拱远在河南，皇帝在京师大内皇宫，常人看来，他无论如何都扯不到刺杀阴谋上，但这些对于具有多年工作经验的特务头子冯保，根本不是问题。

很快，冯保找到了一个千载难逢的机遇。万历元年（1573 年）正月，天色尚未完全大亮，年幼的万历皇帝被太监叫醒，哈欠连连地钻进轿内去上朝，轿子一摇晃，他又进入梦乡。皇帝銮驾刚出乾清门，就从暗中窜出一个黑影，快速从队伍面前经过。很快，他被皇家卫队逮住，送入大牢。

皇家禁地，大内深宫，没有人知道他是怎么进去的，但这都不重要，只要他进入了皇宫，对冯保来说就是个天赐良机，他绝不能轻易放过。

对东厂而言，想弄清一个人的身份不是难事。此人身份很快被搞清，名叫王大臣，是从蓟辽总兵戚继光那里退役下来的士兵。于是，东厂给他两条路，要么配合冯公公，要么去死，王大臣当然不想死。

接下来的事就好办了，冯保派人给王大臣一些金银，要他一口咬定是受高拱指使刺杀皇帝，并保证事后他安然无恙，事成之后大富大贵。王大臣显然不是那种高智商的人，一听有这等好事，一口答应下来，冯保为了做到万无一失，又让东厂特务们模拟法庭审判现场，给王大臣彩排了好几遍，觉得没啥问题了，才开始提审王大臣。

三司会审刺杀皇帝的大戏终于鸣锣上演了，主审官有东厂厂督冯保、锦衣卫都督朱希孝、都察院左都御史葛守礼。按照惯例，犯人过堂前先要吃一通板子，杀杀锐气。重刑之后，王大臣情急之下忘了台词，穿了帮。

冯保一看情形不对，马上给予引导，问他是不是高拱派来刺杀皇帝的。王大臣此时疼痛难忍，哪顾得了太多，直接大喊大叫："是你答应保我富贵，现在怎么又严刑拷打我！我哪里认识什么高阁老！"朱希孝一听，感到此事非同小可，不敢再审，马上宣布休庭。

朝中众臣都知道高拱冤枉，但解铃还须系铃人，吏部尚书杨博和葛守礼等去找张居正，让他劝劝冯保就此收手。刚开始，张居正还装作一副无辜的样子，表示爱莫能助，葛守礼笑了笑，从袖子里掏出一张纸，是他在东厂会审时从文件堆里发现的，上面分明有张居正帮助冯保修改的笔迹，张居正脸上露出了尴尬的笑容。

朝堂上，"保高运动"正在如火如荼展开，葛守礼提出以全家百口人性命担保高拱绝对不会干刺杀皇帝这样的勾当。此时，冯保也收到盟友张居正的信，劝他就此罢手，冯保陷入了沉思。

夜幕降临之际，东厂王大臣牢房内闪入一个黑影，来人带来酒肉，已经饥饿难忍的王大臣接过后一阵风卷残云，吃得干干净净。

次日，三方会审重新开始，却发现王大臣早已因喝了生漆酒，变成了哑巴，一个字也说不出来。冯保佯装不知，把东厂大小特务们狠狠训斥了一顿，斥责他们看守不严，以至于出现这种情况。锦衣卫都督朱希孝、都察院左都御史葛守礼在一旁心知肚明，但也装作浑然不知，一再劝冯保消消气。戏演得差不多了，大家都觉得再审问下去也问不出所以然，况且谁也不想再把这场审问进行下去，于是把所有罪责都推到王大臣身上，问斩了事。

后来，张居正在朝堂上逢人便说，自己是如何据理力争，费尽九牛二虎之力保下高拱，引得群臣赞叹张阁老胸襟真宽广。后来借回乡之际，张居正特意跑到高拱家里，两人抱头痛哭，说了一番情深意长的话后，依依不舍地道了别。等张居正一走出高家大院，高拱冲着他的背影吐了一口唾沫，此时张居正脸上也是一脸嘲讽。

当然张居正的所作所为很快被东厂特务们汇报到冯保耳中，意外的是，冯保丝毫没生气，反而一脸平静，他和张居正的目的是彻底斗垮高拱，如今高拱虽然生命保住了，但是政治生命彻底终结了，对于一个政治人物来说，一旦政治生命终结，活着与死没有区别，目的已经达到了，其他的也就无所谓了。

冯保为了扳倒高拱，无所不用其极，但是政治斗争向来残酷。高拱在对付他的前任徐阶时，手段同样毒辣，丝毫不念徐阶对他的提携之恩。历史从来是胜利者书写的，在你死我活的斗争中，道德显得苍白无力。

如果说冯保的历史到此为止，那么他与明史上那些臭名昭著的权宦没什么区别，但接下来发生的事，说明他是一个有政治抱负的人。

按照一般规律，一对政治盟友一旦没有了共同的对手，联盟就会瓦解，马上掀起一场新的争权夺利。但这种事在冯保和张居正之间没有发生，在接下来的时间里，他们一个主内，一个主外，发动了轰轰烈烈的万历新政。

在冯保的大力支持下，张居正主持的万历新政各项改革有条不紊地开展起来。张居正大刀阔斧清除前朝积弊，整顿吏治、清查土地、改革赋税，实行"一条鞭法"，在北方边境实行互市政策，使得边疆稳定下来，边境贸易空前活跃。经过一系列改革，整个大明帝国经济繁荣、民间富庶、百姓安乐，社会上一片欣欣向荣，毫无疑问，各项新政之所以顺利推行开来，离不开冯保的大力配合与支持。

改革从来不会一帆风顺，越是表面上风平浪静，底下可能暗潮汹涌，因为改革意味着利益的重新分配，必然会触动一些既得利益者的奶酪，他们势必会伺机反扑。

由于冯保和张居正的亲密配合，加上李太后的鼎力支持，新政执行过程中，阻力是存在的，但强硬的反对很少，不过无论是冯保还是张居正，心里都清楚，朝堂上反对改革的势力不会就此罢手，他们只是在暗中蓄积力量，等待时机，然后发起对张居正的致命一击。冯保手握东厂这一利器，自然不会坐以待毙，大小东厂番子们被派到京城各个角落，时刻注意着朝廷官员和民间的一举一动，一旦有风吹草动，立刻报到冯保那里。

万历五年（1577年）的一天，冯保正在品茶，一个东厂执事匆匆走进屋内，在冯保耳边轻语道："礼部仪制司主事童立本悬梁自尽了。"童立本大小也是个六品官，无缘无故怎么就想不开寻短见了？消息很快像长了翅膀一样，在京师大街小巷、酒肆茶楼传播开来，关于童立本的死因，大家一致认定是家里穷得揭不开锅被逼的。

明朝自太祖开国以来，奉行的是低薪制度，官员俸禄定得很少。太祖开国那会儿，一个官员工资虽然低，但还能勉强养家糊口，经过一百多年的光景，各种通货膨胀，货币贬值，物价上涨，社会经济面貌早已发生了翻天覆地的变化，官员的薪酬制度却还在执行太祖那时候制定的标准，显然已经脱离了现实，所以单靠朝廷俸禄，官员过日子很艰难，更别说在北京皇城根儿地界生活，物价贼贵，靠一份死工资，吃饭都困难，买房娶媳妇纯粹是白日做梦。

对于许多官员来说，他们根本不靠俸禄生活，靠着各种潜规则和灰色收入日子过得也很滋润。不过官员队伍中总是有讲原则的人，宁愿受穷挨饿，也不愿随波逐流，比如嘉靖时期的海瑞，现在的童立本。

好在朝廷对没有住房的外地籍官员提供公寓，这样童立本好歹有个住所，但娶媳妇就不敢想了。童立本老婆因病去世，留下一个傻儿子，以童立本的收入，根本无力在北京娶媳妇，后来便把一名视力有问题的丫鬟扶正，算是续了弦。

一个老仆，一对残疾母子，一头瘦驴，是童家的全部成员，全家都靠童立本那点可怜巴巴的俸禄过日子，经常半月吃稠，半月喝稀。为了扭转朝廷的财政赤字，张居正决定暂时以实物折发俸禄，所发实物是苏合木和花椒。苏合木和花椒不能当饭吃，只能拿去卖了钱才能买米，问题是这两样东西在当时是奢侈品，平头老百姓用不着，而官员大户人家都从朝廷扛回来大量同样的东西，自然卖不出去。

作为堂堂七尺男儿，竟然养活不了妻儿老小，残酷的现实痛蚀着童立本的自尊，情急之下，索性趁家人不注意，悬梁自尽了。

朝廷那些反对新政的官员们得到这个消息，喜出望外，觉得机会终于来了。张居正不是口口声声说，新政要富国安民么？现在新政逼得官员都活不下去了，更何况一般老百姓，这分明就是暴政！

大批官员在吏部侍郎王家烈的带领下涌到童家，慷慨陈词，控诉张居正，引起大量百姓围观，人越聚越多，哭喊声、咒骂声汇聚到一起，人们的情绪迅速受到感染，一时间群情激愤，一场大规模群体事件眼看就要爆发。

就在此时，不知从哪里窜出一团火苗来，瞬间点燃了现场祭品，火势越来越大，周围民居也燃烧起来，惊慌失措的人们四处逃窜，情急之下推搡拉扯，不少人丧命。

一场眼看要爆发的群体事件，一瞬间转换为一场意外火灾引起的踩踏事故。在这次踩踏事故中丧命的有数名官员，还有不少看热闹的百姓，大量民房被烧，有的人来不及逃生被活活烧死，而企图掀起群体事件的王家烈，经过这次事故受到严重刺激惊吓，精神失常，没过多久也自杀身亡。

一场山雨欲来的政治风暴，就这样无声无息地化解了。实际上这场火灾根本不是意外失火，而是人为纵火，幕后策划者正是司礼监掌印太监兼东厂厂督冯保。对于童立本这样低级官员的死活，冯保根本不在乎，他只在意和张居正一起推动的万历新政，为了达到这个目的，采取什么手段他都不在乎。至于在这场火灾中死了几个东厂小特务，他更是不在意。

张居正对冯保这种为了达到目的不择手段的做法表示不满，认为不能为了政治目的，让许多无辜百姓搭上性命，对这些，冯保付之一笑，改革从来要有牺牲，善政好人张居正来做，恶行坏人冯保来扮演，只要大业可成，足矣！

树欲静而风不止，斗争风暴一旦掀起就不会停下来。童立本事件刚过，正当张居正和冯保雄心勃勃推行新政之际，发生了一件彻底改变历史走向的事，这就是明史上著名的张居正"夺情事件"。

万历五年（1577年）九月，张居正父亲去世。中国历代王朝皆提倡以孝治天下，明朝更是如此，如果官员家中父母去世，必须离职回家守孝三年，这是死规定。如果敢有不遵从者，一旦发现，一方面会被问罪丢掉乌纱帽，另一方面会遭到天下人唾弃。这种高风险的事情，自明朝开国以来鲜有敢冒头的。

张居正自入仕离开江陵老家，已经十九年没有见老父一面，如今乍听到父亲去世的消息，内心中既伤痛又愧疚，出于人之常情，他恨不得马上赶回老家，送老父最后一程，以弥补做儿子的过失。

但同时，张居正清醒地知道，目前朝局异常严峻，保守和改革两派斗争正处于胶着状态，万历新政的局面刚刚打开，在这关键时刻，他不甘心离开，因为这样一来，他以前的一切努力都化为泡影，付之东流了。

对于张居正的矛盾心理，冯保一清二楚，他也知道朝廷此刻离不开张居正，便径自去找李太后和万历皇帝，向他们分析了当前的局势，表达了他的观点，张先生现在不能离开朝廷回老家去守孝。

李太后犹豫了，不让守孝不近人情，再说本朝没有先例啊。冯保劝她，凡事都有个权变，就让皇上下诏，命张先生戴孝上班吧，谓之"夺情"。

方法定了下来，但谁也不愿意主动挑起这事，万历皇帝便找来吏部尚书张瀚，让他带头上奏要求挽留张居正，谁知万历皇帝左等右等就不见张瀚的折子，原来他压根就没想写折子。张瀚可不傻，这种被人戳脊梁骨的事他不敢干。

与此同时，冯保给张居正捎来话，说两宫和皇帝那边他已说妥，但戏还是要张先生配合演下去。张居正是聪明人，自然懂得个中情况，于是接二连三向两宫和皇帝提出，得知父亲去世，五内欲崩，痛不欲生，根本没心思办公，坚决要求回家去守孝，得到的回答自然是不同意。

或许张居正演得太过于投入，太逼真，万历最后撂出一句话："多年来，朕都是听先生的，这一次，请先生听朕一回，国事离不开先生呐！"听话听音，隐隐含着万历皇帝多年来对张居正专断的不满，但成功保住大权的张居正当时愣是没听出来。

为了让张居正安心处理朝政，冯保派司礼监的太监前往张居正江陵老家帮助料理后事，顺道把张母也接回京师，让张居正陪伴在母亲左右，这样一来也宣传了张先生的孝道。

　　前前后后差不多折腾了半个月左右，丧事算是告一段落，张居正以为此事就此了结，便整日穿着孝服办公。然而，事情还没完，朝堂上反对张居正的声音越来越大。由于冯保上蹿下跳地为张居正张罗帮忙夺情，更加引发人们的反感，不但是朝堂上，就是在民间也出现了不同声音。

　　翰林院编修吴中行、翰林院检讨赵用贤、刑部员外郎艾穆、刑部主事沈思孝分别上书反对夺情，弹劾张居正不守孝道。本来闻风奏事是御史这些言官的职责所在，如今吴中行、赵用贤这两个翰林院的抄写员和校订工，加上艾穆和沈思孝这两个司法官员跳出来，揽起分外的活，这不简单，况且吴中行、赵用贤还是张居正的学生，这是赤裸裸打脸，此风必须要刹住，如果任其蔓延下去后果不堪设想。

　　冯保早已行动了。他上奏皇帝请将四人严惩，皇帝照准，因为夺情命令毕竟是万历自己下的，这帮人反对，不但是打张居正脸，也是打皇帝的脸啊。

　　锦衣卫到四名反对者家里去拿人时，他们表现得很平静，没有丝毫反抗，反而一副正气凛然的样子，仿佛是要去殉道。四人被押解到午门外执行廷杖，此时原先一片沉寂的朝堂上开始活跃起来，众人签名请愿，到大街上贴大字报，要求皇帝收回成命。

　　翰林院掌院学士王锡爵和礼部侍郎申时行还跑到张居正府上求情，张府自然是不让进去，申时行知难而退，王锡爵却趁人不注意混了进去，事情到了这一步，张居正也不好不见，只好出来迎客。王锡爵苦口婆心劝张居正放过那四个人，张居正自然知道现在不是心软的时候，二话不说，抄起一把刀塞到王锡爵手中说："皇帝不让走，你们撵我走，我怎么做才让你们满意，干脆你把我杀了得了。"张居正这一招果然奏效，王锡爵愣了一下，然后仓皇而逃。

午门外，四位反对者被锦衣卫按倒在地褪去裤子，板子不停地起落，狠狠打在屁股上，打得鲜血四溅。紧接着万历皇帝传旨，谁要是再敢非议夺情，这四人就是前车之鉴。于是一切都归于平静。

张居正在这次政治斗争中完胜，而冯保自始至终在力挺他，两人又一次并肩渡过了一劫，他们又可以继续将万历新政推行下去。

然而经过这次变故，张居正性情受到很大影响，此后，他像换了个人一样，工作中愈加专断，听不进不同声音，生活上不再拒绝奢华，私生活也开始恣肆放纵，再加上长期高强度的工作，身体渐渐一日不如一日。万历十年（1582年）六月，张居正告别人世。

关于张居正的死因有种种说法，其中比较流行的是他纵欲过度，服药无节制，加上痔疮发作，最终导致一命呜呼。

张居正走了，冯保感到了前所未有的孤独，他们紧密配合多年，但为了避免内臣和外臣勾结的嫌疑，直接接触并不多，而是假借他人来沟通，他们之间谈不上有多深的友情，何况政治舞台很难产生真正的友谊，他们只是为了共同的目的，相互利用和靠背支撑罢了。

冯保爱文艺，同样爱财，这一点张居正是明白的，所以在他当政的日子，将财富源源不断送到冯保手里，冯保也从来却之不恭。多年来他们习惯了这样，如今一切都跟以前不一样了。另外，冯保注意到万历皇帝也在不知不觉之间长大了，已是二十岁的成人，是时候亲政了。

冯保之所以能够大权在握屹立不倒，主要是靠李太后的信任，太后对皇帝严厉管教，而冯保就是执行者。如今李太后归政交权，意味着冯保这个监护代理人也到期了，只是，冯保一时还难以适应角色的转换。

回首往昔，冯保左手监管东厂这一大明头号特务组织，右手监护万历皇帝，可谓风光无限。监管东厂，冯保很到位，作为东厂一号人物，说一不二，指挥手下番子们为张居正推行新政保驾护航，坚决打击政见异见分子，但在监护皇帝方面，他有得有失。

随着万历皇帝从童年进入少年，与大多数青少年一样，他变得好动、叛逆。太监出身的冯保没有生儿育女的经验，也不懂青春期教育，永远是以不变应万变，只一味要求皇帝安分守己，听话爱学习。不懂得因势利导，难免会出现教育偏差。

孙海、客用是乾清宫的管事，常利用少年皇帝的好奇心搞点夜间游戏，提供一些稀奇古怪的新鲜玩意讨好皇帝，他们时不时在夜间穿紧身衣，骑马持刀，到处晃悠。有一次，他们竟然带着皇帝到紫禁城外游玩，冯保得知后觉得事态严重，马上报告给李太后。

李太后得知很生气，下令将孙海、客用驱逐出宫，将万历召到身边严词训斥："作为皇帝如此不自爱，看来这皇帝不想当了，想当皇帝的人多得是，我这就到太庙祭告列祖列宗，把你废了，另立他人！"

万历皇帝意识到事态的严重性，吓得浑身如筛糠，只是不停地叩头谢罪。这事说大就大，说小也就是一个青春期少年的离家出走而已，做娘的已经狠狠教训了儿子，儿子也认识到自己的错误，按理这一页就该翻过去了。

但冯保不这么看，觉得不能就这样在皇家内部处理，天子家里没小事，一定要让皇帝在全天下人面前认错才行，他让张居正以皇帝名义起草一份措辞很严重的罪己诏，由内阁颁布，广而告之。

这就有点小题大做、上纲上线了。要知道当时万历皇帝已是十八岁了，这个时期的少年自尊心特别敏感，迫于形势，万历皇帝又不得不下诏承认错误。接着万历皇帝又收到张居正的建议书，信中写道"戒游宴以重起居，专精神以广圣嗣，节赏赉以省浮费，却珍玩以端好尚，亲万几以明庶政，勤讲学以资治理。"言下之意，就是皇帝好好学习，天天向上，要做个听话懂事的孩子。那一刻，年轻皇帝的自尊心彻底受到了伤害。别忘了君是君，臣是臣，那一刻冯保、张居正被皇帝深深记恨上了。

冯保还恐自己权力不够稳定，将宫内不满的太监全部遣散，让张居正弹劾罢免了司礼监秉笔太监孙德秀、温太及掌兵仗局的太监周海，整个宫中诸监成了冯保的天下，所有这些都是发生在张居正去世两年前的事。

冯保、张居正这一唱一和，全被万历皇帝看在眼里。在帝王之家长大，万历皇帝有着同龄人没有的城府，他表面上不动神色，知道冯保喜欢书画，常赏赐他一些象牙图章，礼遇堪比宰相，冯保也以内相自居。

如今张居正去世了，冯、张二人多年的政治联盟自动瓦解。冯保自然不甘心他和张居正多年推行的新政就这样终结，同时也需要朝中有鼎力支持的帮手，张居正临终推荐潘晟入阁，冯保便派人去召潘晟。

恰逢冯保生病，御史雷士祯、王国和给事中王继光提出反对意见，说潘晟难以胜任，潘晟无奈只得识趣自退。潘晟的辞呈很快被内阁同意，皇帝批准。冯保病愈得知此事非常恼怒。

冯保曾将许多不合意的太监撵出宫，在队伍中有个叫张诚的宦官，对他知根知底。张居正死后，张诚被皇帝悄无声息接回了宫，张诚毫无保留地向皇帝检举了冯保，并向皇帝透露了一个秘密，冯保家藏珍宝多得超乎陛下的想象，万历皇帝动心了。

皇帝态度的微妙变化很快被人嗅出来，意识到要变天了。江西道御史李植、江东之等人立刻上奏，列出冯保十二项大罪，其中重要的有以下几条：

一、永宁公主选婿，冯保明知梁国柱儿子身体有病，长得一副短命鬼相，但贪图梁万金的贿赂，尽力促成这门亲事，害得公主嫁过去不久便做了寡妇；

二、二十四监中那些去世的太监留下不菲的遗产，这些无继承人的财产本该充公，但冯保统统据为己有；

三、冯保家中有大量来路不明的财产，加起来抵得上大明一年总税收；

四、冯保在京城有大量住宅和商铺等不动产；

五、冯保人还活着，却修了奢华无比的陵墓；

六、除了在京城，冯保在老家还修了豪宅，奢华堪比王府；

……

总之一句话，冯保有很多钱。钱是好东西，万历皇帝更比谁都喜欢钱。

很快一道圣旨下达："冯保罪大恶极，欺君罔上，本该千刀万剐，只是念在他是先皇托孤的人，并且为皇家效力有些日子了，所以宽大处理，发送到南京闲住。"

冯保带着皇帝给他的一千两银子遣散费和两箱衣服惶惶然离开了京师。其实，冯保掌管东厂多年，消息十分灵通，在圣旨下达以前已经探得风声，将一部分财富转移。

此后的岁月，冯保在烟雨江南的金陵慢慢老去，直到去世，葬于皇厂。经历宦海风波，眼看巨额财富在他手中潮水般涌来，又像潮水一般散去。他曾高高在上，掌握着大明帝国最高情报机关和皇家核心机密，东厂千百特工任由他差遣，人生如此足矣。但冯保还是有遗憾，那就是随着张居正去世和自己的倒台，倾注了他们十年心血的万历新政尽数废除。

冯保死后数十年，至崇祯皇帝之时，内忧外患，大明江山处于风雨飘摇之中，朝堂上开始出现反思的声音，最后崇祯皇帝下旨给张居正平反，恢复名誉。而冯保作为张居正改革的忠实盟友，在有明一朝都没有得到平反。

在冯保被撵出北京城的同时，他的家被抄了，几乎掘地三尺，搜出了足足百万金，此外还有数不清的奇珍异宝。万历皇帝和李太后看着从冯保家抄来的如山财富，进行了一次意味深长的对话。

万历皇帝："这个狡猾的老奴才，我们还是慢了一步，有些财产还是被他转移了。"

李太后："你弟弟潞王下月将要大婚，这下婚礼花销有着落了。"

后来，李太后问起对冯保的处理为何最后高举轻放，万历轻描淡写地说："老奴为张居正所惑，无他过，行且召还。"

再后来，李太后到死也没再提过冯保和张居正，仿佛这两人不曾存在过。万历新政已是陈年往事，万历皇帝开始躲在深宫中一门心思敛财，不上朝长达二十几年，大明王朝的大厦开始慢慢倾倒。

多年后，京师百姓谈起冯保时说，相比他之前的王振、刘瑾和他之后的魏忠贤，东厂在冯保掌控时基本很收敛，冯保对他的家人子弟比较约束，不敢过于嚣张跋扈为非作歹，大家都觉得冯保此人还不错。

小贴士：冯保的文艺范儿

与一般太监给后世龌龊不堪的形象相比，冯保可谓很另类，他饱读诗书，精研古籍，通音律，善书法，不但善于弹琴，还亲自制作了不少古琴，他的书法作品及古琴都是不可多得的佳作，被后世收藏家视为珍宝。冯保在担任司礼监太监之际，负责刻印了《启蒙集》《四书》《书经》《通鉴直解》《帝鉴图说》《经书音释》等文化典籍，刻工精良，他监制刻印的书直到明末还在宫中收藏，为传播传统文化做出了很大贡献。

第七章

厂督中的清流

——『妖书案』中的陈矩

嘉靖十六年（1537年）提督东厂太监毕云在任上去世，享年七十四岁。这在明朝比较罕见，东厂厂督大多不得善终，而毕云以高寿平静地在任上辞世，确实是个奇迹。

毕云字天瑞，直隶保定府容城县人，生于明英宗天顺七年（1463年）。这一年，大明帝国并不太平，正月，湖南洪江一带苗人起事，前后半年，官军刚镇压下去没多久，上杭爆发民众群体事件，紧接着广西瑶族扯旗造反，官兵又紧锣密鼓攻打梧州，战事尚未平定，赤溪、湳峒苗人也起来闹事，总之，社会局面并不稳定，各地抗争事件是按下葫芦浮起瓢，让官兵疲于应付。毕云就生于这一年，这样的年景，注定无法平平静静地度过一生。明宪宗成化年间，毕云受生活所迫净身入宫。

北京新西城区中部有一条胡同，它北起西安门大街，南至西红门胡同，叫作惜薪司胡同，名字来源于明清两代在此办公的内府衙门惜薪司。毕云初入宫，便被安排到惜薪司外南厂干活。

北京地处北方，冬季漫长寒冷，要靠煤炭取暖才能过冬。冬季的皇宫，皇帝及其眷属皇太后、皇后、嫔妃、皇子、公主以及宗室等住所的室内暖炕、火炉还有暖手手炉，都用木炭，其数量之大，可想而知。为了管理皇家后勤燃料的采购、供应和分配，专门成立的一个部门即是惜薪司。

惜薪司不但负责薪柴木炭供应，还要兼管消防设施，紫禁城大多是砖木结构，它最大弱点就是怕火。为了防火，宫殿四周布置了大量铜水缸，为防止缸内水冬天结冰，惜薪司要及时用炭火盆加热保温。

惜薪司看似不起眼，其实不简单，在明武宗正德年间还一度被赋予特工职能，让东厂、西厂两大特务机关惧怕三分的内行厂即设于惜薪司。

每年冬天来临之际，产自通州、涿州、宛平、大兴等地乌黑发亮的木炭运到京师，由惜薪司直接送到后宫，一路畅通无阻，这种特权别的部门没有。

对皇宫来说，惜薪司重要性仅次于锦衣卫。

惜薪司的工作性质决定了每个环节的办事人员都要耐心细致，不能出现丝毫纰漏，这样的部门很能锻炼一个人。毕云在惜薪司期间兢兢业业，工作务实低调，踏实认真，受到周围人的一致好评。

在以后的岁月里，尽管职位不断变动，但毕云初衷不改，一直坚持勤勉工作，本分做人。正德三年（1508 年）毕云提升为左司副，没多久又提拔为司正，管理金押之事。

正德初年，以刘瑾为首的宦官群体飞扬跋扈，大肆索贿，朝堂上下乌烟瘴气，但毕云坚持不同流合污，始终洁身自好，这在当时那种政治环境下显得非常可贵。

正德九年（1514 年），毕云升为司房监太监，他深知职位越高意味着责任更大、担子更重，没有显示出丝毫的懈怠，在工作中依然一丝不苟，尽职尽责。

正德十六年（1521 年），正德皇帝去世。改朝换代后，政治格局要重新洗牌，要换新面孔，毕云被降为右少监，不过他没有流露出丝毫怨言，坦然面对职位的变动。

或许是被毕云这种态度打动了，仅仅过去了七天，新上台的明世宗嘉靖皇帝下令让毕云官复原职。新官上任三把火，新天子也一样，嘉靖皇帝在后来变成历史上著名的罢工皇帝，但即位之初还是雄心勃勃，想有一番作为。毕云全力以赴，配合支持嘉靖皇帝革除前朝遗留弊政。

毕云所作所为，嘉靖皇帝看在眼里，记在心上，他相信毕云是个正派的人，是个值得信赖的人，这样的人才不可多得，因此要放在重要岗位上，才能体现出他的价值来。

嘉靖十二年（1533 年），东厂掌印太监一职出现空缺，这个职位作为皇帝的利器，必须掌握在信赖的人手里才能安睡。于是，嘉靖皇帝想到了毕云，任命毕云为东厂一把手。

作为从正德朝过来的人，毕云自然知道东厂在刘瑾带领下为非作歹，朝野痛恨。如今自己出任东厂掌印太监，首要工作就是扭转这一局面。东厂毕竟不是慈善机构，不可能慈眉善目，也不是翰林院，不可能温文尔雅，说到底东厂是大明皇帝的强力机构，属于暴力机器，但这并不能成为无法无天、作威作福的理由。凡世间事，大多讲个名分，名不正则言不顺，言不顺则事不成，所以毕云自掌管东厂第一天起，就宣布严肃法纪，整顿纪律，严格约束东厂校尉，要求东厂上下，每个人从自我做起，从身边做起。

经过毕云大力整顿，东厂面目一新，接下来东厂牵头，大力整治京师社会治安，重拳打击各种违法案件，治安环境有了很大改善，社会秩序也开始稳定。

面对成绩，毕云依然不骄不躁，在和皇帝对问之时愈加谦卑内敛，没有丝毫自满。嘉靖皇帝很满意，他觉得像毕云这样的人，应该留在自己身边随时垂询，帮自己打理一些政务。

早晚陪伴在皇帝身边，这是多少宦官们梦寐以求的美差，而且同时兼着东厂厂督，这样的事摊到谁的头上都会梦中笑醒。出乎意料的是，当嘉靖皇帝提出要毕云兼职出任自己的近侍时，他婉言谢绝了皇帝的好意。表面上的理由是自己能力不足，再加上精力有限，难以两头兼顾。其实这些都是托词，毕云知道，如果自己兼职，难免会自我膨胀，最后走上不归路。一个人追求上进不难，难得的是知进退，毕云做到了。

在以后四年中，毕云掌管东厂始终小心翼翼，如履薄冰，东厂在他领导下一直保持低调，以至于人们几乎感觉不到东厂的存在。

毕云每一笔功绩，嘉靖皇帝都记在心上，多次对他提出嘉奖。嘉靖十五年（1536年），皇帝念他身体不好，又给他一项莫大殊荣，特许他在皇宫中骑马。一年后，毕云在任上平静地离开了人世。

毕云去世以后，东厂掌印太监接任者在历史上留下大片空白，这与嘉靖皇帝本人有直接关系。一般人提起嘉靖皇帝，直接印象就是他怠政，整天躲在深宫内跟一帮道士鬼混，一门心思研究长生不老之术，重用奸臣严嵩父子，朝政一塌糊涂。

事实果真如此吗？历史真相远不止这些，至少人们这些看法有些先入为主。其实，嘉靖皇帝是明朝皇帝中少有的聪明人，他书法造诣很高，文学修养也是一流，政治头脑相当清醒，权谋手腕炉火纯青，别看他常年躲在深宫炼丹，但朝廷大事了然于胸，大权牢牢掌握在手心，丝毫没有放松。

嘉靖本人性格相当决绝，自己认定的事决不妥协，这在他即位初的大礼议事件中可见一斑。

正德十六年（1521 年），正德皇帝在一次意外落水事件后不久去世。正德皇帝的一生是瞎折腾的一生，整天跟大臣过不去，跟自个儿过不去，到最后没有留下一儿半女，在盛年撒手人寰。皇位空缺，只能从外藩选择继承人，兴王朱厚熜被选中入继大统。

朱厚熜从湖北安陆出发，抵达北京近郊时并没有着急往紫禁城赶，而是停了下来，起因是朱厚熜就如何进入紫禁城的方式与首辅杨廷和出现分歧。

按照杨廷和的提议，朱厚熜以太子身份从东华门入，居文华殿，朱厚熜认为他是以准皇帝身份前来即位，所以断然拒绝，双方僵持不下，无奈之下，最终由皇太后令群臣上笺劝进，朱厚熜从大明门入，在奉天殿即位，是为明世宗嘉靖皇帝。

这场风波过去不久，又掀起一场轩然大波来，缘由是如何称呼嘉靖皇帝去世的父亲兴献王朱祐杬。嘉靖皇帝坚持叫爹，杨廷和、毛澄为首的内阁朝臣们提出他大伯孝宗弘治皇帝才是他爹。

这听上去很荒谬，但在传统宗法社会中，这是一件很严肃的事情，是政治考量，绝非简单伦理问题。嘉靖皇帝称呼朱佑杬为爹，这从血缘来说自然没错，但大臣们认为，他继承了孝宗皇帝一脉的权力，从小宗入继大宗，自然应该称呼孝宗皇帝为爹才对。

这一事件前前后后闹了三年之久，双方来回掰手腕，嘉靖皇帝以其倔强的性格赢得最终胜利，杨廷和被罢官，其他反对的大小官员要么被廷杖，要么被贬官。嘉靖帝最终如愿以偿，追尊兴献王为献皇帝、生母为兴国皇太后，称孝宗为"皇伯考"。嘉靖十七年（1538 年）九月，兴献帝被追尊为"睿宗知天守道洪德渊仁宽穆纯圣恭简敬文献皇帝"，牌位迁祔太庙，改兴献王墓为显陵。

大礼议事件将嘉靖皇帝毫不妥协，不达目的决不罢休的性格表现得淋漓尽致。鉴于正德皇帝时期宦官刘瑾专权，祸害天下，他即位之初对宦官严加管束，裁抑司礼监的权力，撤废镇守太监，严分厂、卫与法司职权，重用张璁、夏言等贤臣。

东厂的权力被抑制的同时，嘉靖皇帝选拔贤能宦官掌管东厂。毕云去世后，由于毕云的影响，东厂一直规矩守法，鲜有违法乱纪。

像毕云这样尽忠职守、为人正直的东厂掌印太监在明朝并不是个例。万历年间，震惊朝野的"妖书案"爆发，东厂负责彻查此事，整个过程中本着实事求是的精神，没有将案件肆意扩大，更没有大肆株连无辜，将对社会的负面影响控制在最小范围内，当时提督东厂的是太监陈矩。

陈矩字万化，北直隶安肃县人。嘉靖二十六年（1547 年），年仅九岁的陈矩被选入宫，在司礼监秉笔太监高忠手下侍奉。高忠为人谨慎，办事干练，深得嘉靖皇帝信任。

高忠提督十二团营，监管勇士等四卫营，肩负京师安全重任。嘉靖二十九年（1550年），蒙古俺答汗率兵在明朝北部边境大肆抢掠，一度逼近京师，高忠身着戎装，从容指挥，毫无惧色，为最终保证京城安全立下很大功劳。陈矩看在眼里，心中十分敬佩，默默立志将来要以高忠为榜样，为国尽忠，经世济民。

时间一天天过去，陈矩也逐渐长大，已到了万历年间。当时宫廷太监有奉命外出办差的机会，许多人借此机会大肆勒索地方官员，侵扰百姓，很多人看到宫里来的宦官们就痛恨得咬牙切齿。万历十一年（1583年）春，陈矩奉旨将犯法的代藩奉国将军朱廷堂押送到中都凤阳禁锢。办完差事，回京途中经过老家安肃县，陈矩顺道回家上坟，祭奠先人。一路上，陈矩低调务实，遵纪守法。沿途驿馆官员早习惯了宫内来的宦官们作威作福的做派，难得见到陈矩这样的人，私下里感慨不已，赞叹他有一颗佛心。

万历十六年（1598年），陈矩被任命为东厂提督，以司礼监秉笔太监兼掌管东厂。

明朝时，东厂、锦衣卫和刑部虽然都有捕拿羁押犯人的职权，但刑部好歹还是按照章程办事，不能随便抓人，但东厂和锦衣卫完全绕过朝廷法度，按照皇帝个人意志来办事，所以皇帝总觉得东厂使用起来远比刑部顺手。有时候在气头上，皇帝意气用事，动辄下令东厂把某个官员投到监狱去。

以往出了这种事，东厂管事多是奉承上意，对下狱者严刑拷打，不少人一旦进了诏狱，就是九死一生，就算不死也落得半身残疾，许多人被冤枉，屈打成招。这些情况陈矩自然心知肚明，他下令东厂管事改变以往做法，说："做事常想想祖宗法度，圣贤道理。"对那些蒙冤入狱的大臣，瞅着万历皇帝心情好的时候进谏，使得皇帝回心转意。

有一次，陈矩碰上万历皇帝大发雷霆，一问才得知，荣昌公主小两口闹矛盾，惹得皇帝生气。荣昌公主深得皇帝疼爱，被视若掌上明珠，下嫁驸马杨元春。小两口过日子难免磕磕碰碰，何况皇家公主大多脾气很大，一个劲儿耍小性子，时间长了杨元春受不了，一赌气，干脆丢下公主，一个人跑回了老家，图个耳根清净。公主哪受得了这委屈，哭哭啼啼跑回皇宫向皇帝老爸诉苦。

万历皇帝护犊子心切，朕的闺女，岂能受人欺负！立刻命陈矩捉拿驸马，让他知道皇帝老丈人可不是好惹的。陈矩听后心中不由觉得好笑，愣是憋住没笑出来，使劲咳嗽了几声，然后一本正经地回复皇帝，这本是小两口闹别扭，陛下这么大肆张扬捉人，传出去对皇家脸面不好，不如让内阁拟旨，召杨元春回来，以无故旷工的理由批评一顿，罚他到国子监反思去。万历皇帝听完后想想有道理，气也消了一半，便按照陈矩意见去办了，一场家庭矛盾引起的轩然大波被陈矩无声无息地化解了。

陈矩爱读书，学识渊博，甄别古籍眼光独到，万历皇帝让他搜集古今图书。在批阅书籍之时，万历皇帝发现了时任刑部侍郎吕坤所著的《闺范图说》。吕坤是万历年间的大儒，在担任山西按察使期间，利用工作闲暇，收录编辑历史上著名的后妃事迹结集出版，取名《闺范图说》，可以说是一本古代模范妇女事迹学习资料汇编。

万历特别宠爱郑贵妃，见到此书便将它赏赐给她，言外之意，无非是要她好好学习一下古代的贤淑后妃们，提高思想觉悟。皇帝的初衷是好的，然而他这无意之举却引来一场轩然大波。

郑贵妃此人不简单，权力欲望异常强烈，明末梃击案、红丸案、移宫案三大悬案皆由她而起，这是后话。接到《闺范图说》后，郑贵妃立刻开动脑筋琢磨起来，想趁机借此做一番文章。

万历有三个儿子，皇长子朱常洛生母原本是一名宫女，出身低微，皇次子早夭，皇三子朱常洵为郑贵妃所生。万历尚未决定立储，但由于对郑贵妃的宠爱，他爱屋及乌，明显对朱常洵更宠爱一些，郑贵妃也一门心思想把自己儿子扶上太子之位。不过，宗法社会向来是立长不立幼，如果册立朱常洵，势必引来朝廷百官的反对。于是郑贵妃一直设法造势，如今看着手中的《闺范图说》，她计上心头。

后宫讲究子凭母贵，如果想给儿子朱常洵造势，先要抬高自己身价。郑贵妃找来一帮枪手，在吕坤原著基础上再补充上十二人，以汉明德皇后开篇，郑贵妃自己殿后收尾，又亲自动手给改版后的《闺范图说》写了一篇序文，随后让伯父郑承恩和兄弟郑国泰重新刊印出版。郑贵妃的目的很明显，想把自己和历史上那些贤淑后妃捆绑在一起炒作，傍名人抬高身价。

两种不同版本的《闺范图说》在社会上传播开来，多数人不明就里，还以为是吕坤在拍郑贵妃马屁，对他嗤之以鼻。朝廷内部的明眼人看出了其中猫腻，知道郑贵妃葫芦里卖的什么药。

吕坤为人刚正不阿，眼看万历皇帝多年不上朝，一门心思敛财，地方上官员疯狂盘剥老百姓，许多贫苦人家挣扎在死亡线上，他决定豁出去，置个人安危不顾，愤然给皇帝上了一道叫作《天下安危疏》的奏章。

吕坤在奏章中直斥万历皇帝挥霍无度，不顾老百姓死活，劝他多体察民生。奏章递上去犹如泥牛入海，躲在深宫的万历懒得搭理，迟迟不给回话，这让有些人逮住机会落井下石，吏科给事中戴士衡上疏弹劾吕坤，说他先写《闺范图说》，又上《安危疏》，是"机深志险，包藏祸心"，"潜进《闺范图说》，结纳宫闱"，攀附郑贵妃。

这顶帽子扣得确实有点大，吕坤觉得自己比窦娥还冤枉，马上再次上书皇帝，阐明自己写的原版和郑承恩所刻《闺范图说》不是一回事，请皇帝下旨核对两个版本之间的差异，看看自己到底是否包藏祸心。

吕坤确实很冤枉，他的原书被人改头换面，还遭人诬陷，心里别提有多憋屈。这些万历皇帝自然是心知肚明，但他装聋作哑，不予理睬，心想等日子久了，这事自然会被淡忘。

谁料这事没完，很快市面上出现一份手抄传单，在民间大量传播。这份传单以《闺范图说》跋文面目出现，标题叫《忧危竑议》（即所谓"妖书"，意思是反动文章），作者署名"燕山朱东吉"，一看就知道是假名。《忧危竑议》主旨表明，它是在吕坤《忧危疏》的基础上做进一步阐释，文章以问答形式回顾了历史上嫡庶废立事件，向读者提出了一个问题，吕坤的《忧危疏》把目前天下存在的各种忧患都说了个遍，为何单单不提册立皇太子一事？要知道立储可是国本，储君之位久空，天下还有比这更大的忧患吗？

文章进一步指出，吕坤所著《闺范图说》中第一个提到的后妃即是汉朝明德皇后马皇后，以郑贵妃收尾，马皇后是由贵人升为皇后的，这不是明显借古喻今，要郑贵妃高升一步，取代皇后么？文章笔锋一转，指出吕坤与郑贵妃的伯父郑承恩、户部侍郎张养蒙、山西巡抚魏允贞等九人勾结，意在为郑贵妃儿子立储营造舆论。

这张传单一出来，一石激起千层浪，整个京师街头巷尾争相转发、传抄。人们有赞同的，有质疑的，更多百姓茶余饭后围绕着它议论纷纷。

出了这么大事，处于舆论风暴眼的吕坤不堪压力，积忧成疾，一病不起，后来自动申请病退，告老还乡，提前终结了仕途生涯。这就是"妖书案"的起源。

文章牵扯到的另一个主要人物，郑贵妃伯父郑承恩也整日担惊受怕，要知道外戚干预立储，这在历朝历代都是帝王大忌，弄不好就是掉脑袋的事儿。

这篇掀起如此惊涛骇浪的文章作者到底是谁，没有人知道，这种事儿也不能大张旗鼓去调查，不然反而显得心虚，思来想去，戴士衡和全椒知县樊玉衡嫌疑最大。戴士衡刚和吕坤较量过，因为最后不了了之，肯定心有不甘，有重大嫌疑，樊玉衡则是老早以前就给皇帝上书要求立皇长子朱常洛为太子，字里行间指责郑贵妃。

事情闹到这个地步，万历皇帝知道不能再装糊涂了，便亲自出面下旨解释，为郑贵妃撇清关系，说《闺范图说》一书是他赏赐给贵妃的，朝野之间的争论到此为止。随即下令逮捕樊玉衡和戴士衡二人，屈打成招之下，以"结党造书，妄指宫禁，干扰大典，惑世诬人"的罪名，分别发配广东雷州和廉州。万历四十五年（1617 年），戴士衡死于廉州。樊玉衡在万历死后得到平反，皇帝打算再起用他，他以年事已高为由，婉言谢绝。樊玉衡儿子樊维城秉承父亲耿直性格，后来死于张献忠之手。

吕坤由于提前病退逃过一劫，此后在家闭门不出，潜心学问，著书立说，成为明朝著名思想家，有著作《呻吟语》流传后世。

"妖书案"的核心缘由是万历皇帝迟迟不立太子，给有些野心家可乘之机，只要太子一事不明了，各种谣言就难以杜绝。

出于对郑贵妃的宠爱，万历皇帝始终难以割舍立朱常洵为太子的想法。但立朱常洵为太子谈何容易，眼前就有三座大山无法跨过，一是朝廷大臣坚决反对这种废长立幼的做法；二是王皇后的存在，使他无法将郑贵妃身价提高，朱常洛虽然不是王皇后亲生，但皇后对他一直疼爱有加，视若己出；三是万历生母李太后也对朱常洛非常爱护。

总之一句话，万历皇帝是一个人在奋战，但他依然不甘心缴械投降，就这样双方一直绷着、拖着。知子莫若母，万历皇帝的心思李太后自然明白，发生了"妖书案"后，她觉得立储宜早不宜迟，便向万历皇帝问起为何迟迟不立太子？万历皇帝对母亲一向心有畏惧，便吞吞吐吐掩饰，称朱常洛生母王恭妃出身低微，太后闻言大怒："你也是出身低微之人所生！"万历皇帝马上反应过来，李太后也是宫女出身，一不小心触到母亲伤痛之处，惶恐地趴在地上不敢抬头，连连叩头谢罪。

没多久，内阁首辅沈一贯上书，建议万历皇帝趁早立储。事已至此，已是无力回天，万历皇帝只好下诏宣布册立皇长子朱常洛为太子，为了弥补郑贵妃母子，封朱常洵为福王。

朝廷上下都松了一口气，大家以为储君之争终于落下帷幕了。然而，郑贵妃不甘心失败，对皇帝一哭二闹三上吊，万历皇帝好不容易刚刚坚定下来的心经不住郑贵妃哭闹，又开始摇摆起来，便以太子册立大典准备不足为由，宣布无限期延迟。

好在内阁首辅沈一贯意志坚定，毫不客气地将皇帝手诏退了回去，称坚决不奉诏。万历皇帝无奈，只好如期举行了册立太子大典。经历一波三折，朱常洛终于坐上太子宝座。郑贵妃一直不死心，时刻想着把朱常洛拉下马。

不过在朝廷内部，立储的争议已是平定下来。谁料到，京师里又一份政治谣言传单散布开来，此时距离上次"妖书案"已经过去了六年时间。

万历三十一年（1603 年）十一月十一日凌晨，天蒙蒙亮，内阁大学士朱赓家人开门时发现大门上贴了一张大字报，与此同时，京城大街小巷到处贴满了大字报，甚至贴到了皇宫门口。

大字报标题叫作《续忧危竑议》，作者署名"郑福成"，它继承了上一次"妖书案"的主张，矛头直指郑贵妃，揭发她意图夺嫡，野心不死。"郑福成"署名包含着郑贵妃把福王推上太子之位的谐音。

大字报言之凿凿地指出，当今皇上之所以立皇长子朱常洛为太子是由于形势所迫，假以时日，必定在郑贵妃诱惑之下更换太子，朝臣中大学士朱赓、兵部尚书王世扬、三边总督李汶、保定巡抚孙玮、少卿张养志、锦衣卫都督王之桢等人都是郑贵妃帮凶，他们相互勾结，暗中推波助澜，想把太子拉下马，扶福王上位。整篇大字报言简意赅，文辞诡异，犹如一枚重磅炸弹引爆了朝廷舆论，一时间人人自危，人心惶惶。

满大街的大字报，在万历皇帝看来无疑是对皇权的挑战书，是可忍孰不可忍，这种歪风要是不打压下去还了得！他命令陈矩由东厂牵头，锦衣卫和刑部配合，就算是掘地三尺也要把始作俑者揪出来。

突然再次爆发的"妖书案"，像上次那样淡化处理已无可能。陈矩感到压力很大，命令侦缉官校在京城搜查形迹可疑的人，一时间，消失已久的东厂番子们重新在京师大街小巷出没，不少人受到牵连，被拘捕投入大牢。

除了平民百姓，在朝的官员们也人人自危，首辅沈一贯和内阁大学士朱赓更是胆战心惊，因为他们的大名在《续忧危竑议》中赫然在列，被指斥甘为郑贵妃的帮凶，试图将太子推倒，动摇国本。为了避嫌，他们整日守在家中，惶惶不可终日。

为撇清关系，表明自己的清白，沈一贯决定与其被动待在家里等人控诉，不如主动出击，反咬一口，将祸水引到别人头上，但是一般人肯定扛不起这份栽赃，必须是在朝中有分量的人。

夜色沉沉，烛光摇曳，沈一贯在书房来回踱步，彻夜难眠，最终锁定目标，派人到给事中钱梦皋府上交代一番。很快，钱梦皋上书检举礼部右侍郎郭正域和内阁大学士沈鲤是"妖书案"背后主谋，显然这是一场诬陷。

世上没有无缘无故的恨，当时内阁成员共三人，分别是首辅沈一贯、次辅朱赓，以及沈鲤。沈鲤长期与沈一贯政见不和，如今沈一贯和朱赓被《续忧危竑议》指名道姓，唯独沈鲤漏网，这难免使人怀疑，再说拉沈鲤进来，等于整个内阁沦陷停摆，皇帝也要重新考虑一下。至于拉郭正域下水，一来是沈一贯跟他有旧怨，二来钱梦皋想给自己女婿摆脱罪名，他的女婿阮明卿被胡化诬告与"妖书"有关，郭正域不但是沈鲤的门生，还是胡化的同乡。

郭正域由于卷入当时轰动一时的"伪楚王案"，已经罢官，正准备收拾行李返乡，没想到还未返家，"妖书案"就爆发了。沈一贯抱着恶人做到底的态度，既然两人已结仇，就不能放虎归山给他翻身机会，于是借"妖书案"把他送到监狱，斩草除根。

这样一来，官员之间相互揭发、诬陷，人性的丑陋在谣言面前暴露无遗，其中有急于摆脱嫌疑的，也有公报私仇的，一场血雨腥风看来难以避免。陈矩知道再这样下去，会有越来越多无辜的人被牵扯进来，谣言会像雪球一样越滚越大，没有人能够挡得住。

事情的发展印证了陈矩的预测，在搜查沈鲤府邸时，又牵扯出高僧达观和医生沈令誉。达观不堪重刑死在狱中，沈令誉被拷打得奄奄一息，但还是一无所获。

"妖书案"爆发已过去二十余日，仍然没有理出任何头绪，皇帝震怒，朝臣惶惶，陈矩在重压之下快扛不住了。

不过，剧情出现了戏剧性的逆转，沈一贯企图构陷沈鲤的愿望很快落空了。东厂、锦衣卫和三法司（刑部、都察院、大理寺）会审沈令誉受挫后，决定从他的家属身上寻找突破，面对大堂上密密麻麻跪着的男女老少，陈矩在人群中发现了沈令誉年仅十岁的女儿，眼睛一亮，便语气和善地问她："你父亲做'妖书'，你可看见印刷刻板有几块？"

小姑娘自入狱以来，眼见父母被严刑拷打不成人形，此刻早已吓得不行，但她根本没见过什么刻板，所以便随口说："有很多很多。"

陈矩再问："具体有多少？"

小姑娘答："满满一房子呢。"

陈矩听后忍俊不禁，哈哈大笑起来，锦衣卫和三法司的官员，也不由得难堪地讪笑起来。整篇《续忧危竑议》不过区区三百多字，怎么可能有一房子刻板，小孩子的一番童言戳破了谎言，显然沈令誉是被陷害的，既然如此更扯不上沈鲤了。

拉下沈鲤看来没戏了，但沈一贯不甘心，依然不放过郭正域，设法将自己的意思传达给主审官员。首辅大人之意岂敢拂逆，主审官只有栽赃了。大堂上提审胡化，此人曾陷害钱梦皋女婿阮明卿，主审官暗示他扮演一回无间道，供认郭正域是"妖书"的幕后黑手。胡化马上拒绝了："阮明卿跟我有仇，所以我冲他下黑手，郭正域中进士已有二十多年，我跟他没有任何交往，怎能合谋做'妖书'？"

郭正域为人正派，陈矩是知道的，但如何帮他心理没谱，这时他猛然想起一个人，只有他可以救郭正域，此人就是太子朱常洛。朱常洛和郭正域有一层特殊关系，郭曾经是太子的老师，而且对太子关爱备至。

朱常洛尽管被立为太子，但依然不受万历待见，堂堂太子饮食起居比起福王朱常洵差远了。万历三十年（1602 年）冬天，天气异常寒冷，滴水成冰，任太子詹事的郭正域呵着气，前往太子住所讲课。一进屋，眼前的一幕让郭正域惊呆了，室内冷若冰窖，太子冻得瑟瑟发抖，原来受郑贵妃指使，太监们竟然不给太子生火。堂堂大明储君，未来天子，竟然如此受辱，郭正域怒火冲天，当即大骂太监，太监们被郭老师的雷霆怒火吓坏了，急忙张罗给炉子生火。

如今郭正域遭难，相信太子不会不管。尽管目前太子无权无势，但他毕竟是未来天子。至于如何将话带到太子那里，作为东厂提督的陈矩自然不难办到。

太子听闻这件事后，传出一句话来："谁想杀我的好老师？"就这一句已经足够，陷害郭正域的人立马收手了。

郭正域是保住了，然而"妖书案"带来的杀伤力并未消退，朝堂上官员们相互撕咬仍未停下来。本来是和东厂一起查案的锦衣卫，内部也开始相互揭发，锦衣卫都督王之祯检举指挥使周嘉庆与"妖书"有关，后来证明完全是子虚乌有。

此时，每个人都是怀疑对象。陈矩带领东厂全力侦查，监狱里嫌犯越来越多，但案情依然犹如黑洞，将无数人吞噬进来。

陈矩知道不能再刨根问底下去了，应该设法赶紧终结此案，现在需要的是一个借口，一个背黑锅的人，至于谁是"妖书"的制造者已不重要了。

万历三十一年（1603年）十一月二十一日，顺天府生员皦生彩检举他哥哥皦生光涉嫌"妖书案"，理由很简单，他有前科。东厂很快将皦生光缉拿，一调查，此人果然劣迹斑斑，是个讹诈专业户，可以简单举几个事例。

有人为求人办事想购买一份重礼，皦生光很快出现，向他推销一对玉杯，而且价格远低于市场价，于是双方愉快地完成了交易。几天后，皦生光再次出现，同行的还有一名太监和几名衙门捕快，自称玉杯出自皇宫，被太监偷出变卖，如今东窗事发了，希望赶紧归还玉杯。买主叫苦连天，玉杯已送人，哪能再要回来，最后只得拿出千两银子化解此事，事后虽然得知这一切都是皦生光自导自演的骗局，但也无可奈何，只有自认倒霉。

如果仅仅认为皦生光是个碰瓷讹人的市井无赖，就太小看他了，因为他还懂诗词文化，经常代理雕刻图书刻板业务。要知道在中国古代社会，动辄搞个文字狱是再稀松不过的事，所以文人下笔都胆战心惊，唯恐犯了什么忌讳，轻则流放，重则满门抄斩。万历朝最敏感的自然是围绕册立太子的国本之争，别人唯恐避之不及，但皦生光却敢拿此事来讹人，而被他讹的竟然是当朝国舅爷，郑贵妃之弟郑国泰。

世上有些人有文化却要耍流氓，比如皦生光，有些人明明没文化，却要装风雅，比如有个叫包继志的富商，没文化的包老板遇到了有文化的流氓皦生光，只能认栽了。包老板听说皦生光代理雕版业务，便委托他刻一本诗集，想借机巴结郑国泰。

在雕刻刻板过程中，皦生光夹带私货，在诗集中加了一首诗，其中有一句"郑主乘黄屋"的诗句，影射郑贵妃有夺嫡野心。没文化的包继志哪里懂文人的那些道道，诗集被印刷出来送到郑国泰手里。

很快包继志和郑国泰收到皦生光的讹诈信，包老板作为商人最怕官府，只好破财消灾，郑国泰更是被国本之争搞得犹如惊弓之鸟，赶紧将钱财如数奉上。皦生光用他的实际行动生动诠释了那句名言，流氓不可怕，就怕流氓有文化。

如今文化流氓皦生光正在东厂大牢忍受酷刑折磨。陈矩本以为像皦生光这样的无赖一进东厂，就会吓得如数招供，没想到太低估了他。东厂番子们眼看从皦生光口里套不出有价值的消息，便决定从他的家人入手，心想就算皦生光铁石心肠，看着妻儿遭罪总不能无动于衷吧。然而事实证明，皦生光这种人绝不能以常理来理解，眼看妻儿被拷打得遍体鳞伤，皦生光依然不松口，坚决否认"妖书"原创者就是他。

陈矩看出来了，皦生光虽然是个人渣，但这一次显然是冤枉的。因为《续忧危竑议》一文虽然字数不多，但涉及的都是朝廷乃至皇家的机密，比如内阁沈一贯、朱赓与沈鲤之间的斗争，宫廷内部郑贵妃企图扳倒太子等等，这些事除了高层官员，就算一般地方官员都难以得知，更别说皦生光这样的基层无赖。

但此刻，皦生光是否冤枉已经无关紧要了，重要的是赶紧结束这场引发朝廷地震的谣言冲击波，这一点上，无论万历皇帝还是满朝文武官员都是一致的，大家都想早日结束这场噩梦。

也有人依旧不甘心，刑部尚书萧大亨还试图将祸水引向郭正域，他威逼利诱，旁敲侧击，穷尽各种方式，但皦生光一口咬定无人主使。

最后，各位主审官达成一致，判处皦生光凌迟处死，家人流放。就这样，搅得朝野翻天覆地的"妖书案"落下了帷幕。所有人都长吁了一口气。

唯有陈矩心潮久久难以平复，案子闹到这种地步终于结束了，作为东厂厂督他是有些失落的，手中掌握着大明最核心的情报机构，东厂大小特务们就差把京城翻个底朝天，却依然没有查明真相。同时，他也是释然的，"妖书案"没有进一步扩展下去，他能做到的只有这些了。

后来，社会上又流传"妖书"作者是武英殿中书舍人赵士桢。赵士桢是一位杰出的火器专家，一门心思钻研火器，不善待人接物，不屑于对朝廷高官阿谀奉承，为此得罪了不少人。猛然间受到谣言中伤，赵士桢百口莫辩，急火攻心，一病不起，没多久便一命呜呼了。

"妖书"真正的作者是谁，始终没有人知道。好在这一页最终翻过去了。沈鲤、郭正域、周嘉庆等人在陈矩保护下活了下来，但陈矩并没有就此以恩主自居，见了面也是拱手而已，仿佛所有一切都与他无关。

然而，万历年间老百姓过得并不幸福，因为皇帝本人很爱钱，钱从哪里来？当然从百姓头上剥削而来。万历皇帝治国没有突出成就，但敛财很有手段，其中很重要的一条就是征收矿税，搞得百姓怨声载道，苦不堪言。

终于有人看不下去了。万历三十三年（1605年），有许多大臣上书要求皇帝撤销矿税，对于断自家财路的事儿，万历一概不答应。说得多了，惹得皇帝心里很恼火。这时参政姜士昌又上书，而且话说得很难听。万历皇帝勃然大怒，心想不惩戒一下，大臣们会觉得皇帝好欺负，便下诏打姜士昌板子。陈矩作为司礼监掌印太监和东厂提督当时就在场，经过他温言规劝，万历皇帝气消了，便下令取消廷杖，将姜士昌贬官了事。

尽管姜士昌逃过了一劫，但矿税依然没有取消，哪里有压迫，哪里就有反抗。万历三十四年（1606年），忍无可忍的云南当地人杀死贪酷虐民的矿税使杨荣，民愤滔天犹如爆发的火山，惊慌失措的地方官员赶紧上报朝廷。

消息传到内宫，正赶上万历皇帝准备吃饭，他闻讯后又急又怒，一把掀翻饭桌，吓得身边内侍连气都不敢喘。当时内阁首辅沈一贯不在，值班的大学士沈鲤也一时拿不出主张，便找陈矩商议对策。万历皇帝的脾气沈鲤再清楚不过了，如今在气头上谁的话都听不进去，这事儿还得陈矩出马。很快，万历皇帝传旨给陈矩，要求东厂捉拿云南当地地方官员，押解到京师，以办事不力为由治罪。

陈矩对个中原委一清二楚，万历皇帝派到地方监税的太监，一个个都仗着皇帝名义，如狼似虎地敲诈盘剥百姓，地方官员唯恐避之不及，哪里敢惹，如今出了乱子，却把责任撇给地方官，怎么都说不过去，但这些话不能说到台面上来。

陈矩先是顺着万历皇帝的意思劝他消消气，然后慢条斯理地给皇帝分析，皇帝派出去的宫内太监基本都是奉公守法的（实际上都是人渣混蛋），但他们手下的那些办事人员鱼目混珠、良莠不齐，难免有人办事考虑不周，才激起百姓起来闹事。如果贸然派出东厂缇骑去捉拿地方官员，从云南到京师数千里，一来路途遥远，耽误了处置群体事件，二来一路上难免招摇，如果有些别有用心的人借机造谣生事，不但对朝廷颜面不利，也恐有误陛下圣德。

万历皇帝此时头脑也冷静下来，想想有道理，目前首要的是平息民怨，便听了陈矩的建议，一场危机就这样被陈矩三言两语化解了。

要想做个好人，单靠一颗救世济民的心是远远不够的，还要有技巧、有手腕，在权力的游戏中进退自如，方能做点实事。陈矩通过几十年的官场浸淫，深谙其中奥妙，但并不是每个人都明白这个道理，比如御史曹学程。

大明朝堂上从来不缺正直的官员，他们为了江山社稷可以不顾个人安危，冒着廷杖、蹲牢、充军甚至杀头的危险，前赴后继直言进谏，曹学程就是这样一个正直官员。

日本太阁丰臣秀吉统一日本后，为了转移国内矛盾，决定发动对外侵略战争，企图先占领朝鲜，然后以朝鲜为跳板进攻明朝。万历十九年（1591年）六月，丰臣秀吉派使者拜见朝鲜国王李昖，假意称想假道朝鲜进攻大明，作为大明藩属国的朝鲜自然不敢答应，断然拒绝了日本的无理要求。

这为丰臣秀吉提供了借口，万历二十年（1592年），日本发动对朝鲜侵略战争。朝鲜向大明求救，眼看自己的藩属国被侵略，作为宗主国的大明不能不理。但如何处理，朝堂上分成两派，一派主战，一派主和。

万历皇帝最终决定派兵入朝抗击日本侵略。战争初期阶段，战事不利，形势相当严峻，于是朝廷一面做战争准备，一面私下跟日方接触，看能否通过用平方式解决。

战争从来是政治的延续，双方博弈就看能否达到自己的目的，至于是通过战争还是谈判，不过手段罢了，但双方一旦开战，就很容易受到国内民族情绪绑架，所以和谈这种事一直只能秘密进行。

这种隐秘博弈一般不为外人所知，但纸里包不住火，中日私下和谈的事情还是被曝光了。御史曹学程得知后，出于职业习惯，以为朝廷内有汉奸作祟蒙蔽圣听，立刻跳出来反对。

万历皇帝自然不承认自己指使和谈，恼羞成怒之下将曹学程打入大牢，这一关就是十余年。坐牢期间，曹学程忍受了各种酷刑摧残，但依然紧咬牙关，绝不胡乱咬人。

朝廷内大家都知道曹学程是冤枉的，许多人站出来为他鸣冤，就连有些昔日政敌都看不下去为他求情，但都被皇帝驳回。曹学程之子曹正儒为人纯孝，实在不忍父亲再受折磨，写了一封血书给皇帝，要求用自己一命换取父亲自由，但被拒绝。万历皇帝是个固执的人，朝臣们越是这样奔走，越坚决不放人。后来历次大赦，都没有将曹学程从黑名单上剔除。

万历三十四年（1606 年），在牢中度过了十余个春秋的曹学程只剩下一口气了，许多人都不忍心让他就这样死在监狱，有刑部官员找到陈矩，希望他向皇帝求情，帮帮曹学程。

陈矩听后并没有立刻大包大揽，而是连连推辞，说自己无能为力，但私下里开始为曹学程活动。这一年九月，皇帝为太后上尊号，普天同庆，陈矩趁这个机会向太后求情。太后听后心中悲悯，带话给皇帝，万历皇帝终于同意放人。出狱后没多久，曹学程就去世了。

陈矩不但设法救助那些蒙受冤屈的人，而且时刻维护皇帝的颜面。万历皇帝的贪财是常人难以想象的，甚至连蝇头小利都不放过。有一次，驻福建的矿税内监查获了一批产自吕宋（今属菲律宾）的走私品，万历得知后，让陈矩拟票通知交到他自己的小金库来。

陈矩心中不由得好笑，但却不得不一本正经地说："这些不过是一些化外之地蛮夷的东西，将它们收到内库，知道的肯定说陛下不过出于一时好奇罢了，就怕有些小人烂嚼舌头，还以为我大明天朝在意这些小玩意儿，所以还是就地将赃物查缴入库为好。"万历皇帝无话可说，只好点头同意。

陈矩在掌握东厂期间，慎重使用手中这架庞大的特务机器，尽量避免滥用权力，解救帮扶了不少正直之士，在他当家那段日子，东厂的监狱经常空荡荡的，以至于牢房内长出了青草。

万历朝时期，经济繁荣，文化昌盛，江南一带尤为富庶，出现了资本主义萌芽，这些固然有多方面原因，但东厂受到约束，民间相对自由，或许也是原因之一。

在宏大历史潮流面前，人们记住的多是帝王将相，往往忽略了背后那些身影所做的贡献，陈矩就是其中一员。

万历三十五年（1607 年），陈矩平静去世，一生虔诚信佛的陈矩葬在香山慈感庵旁边。万历皇帝赐谕祭九坛，亲笔为题"清忠"两字匾额。陈矩出殡之日，前来送行的人太多，造成了交通堵塞，送葬队伍中有文武百官，更多的是素昧平生的平民百姓，大街上一片素白，到处传来哽咽声。

一名东厂提督受到如此礼遇，可谓空前绝后，如果陈矩地下有知，也会含笑九泉。

小贴士：流传后世的宦官著作

陈矩日常生活不太讲究，饮食服饰都很节俭，闲暇时喜欢读书，以琴棋自娱。他爱读《左传》《国语》《史记》《汉书》等史书，以及周敦颐、张载、程颢、程颐、朱熹等大儒的文集，对《大学衍义补》钻研尤甚，颇有心得。榜样的力量是无穷的，陈矩的言行感染着身边的人，有个叫刘若愚的宦官，受陈矩的影响，为人正直，他著有《酌中志》一书，是唯一一本流传至今的宦官著作。

以天下为赌局

——『九千岁』魏忠贤

关于明朝灭亡的原因，史学界众说纷纭，但基本有一个共识，那就是明朝真正走向灭亡始于万历。

万历一朝可谓大起大落，万历皇帝即位之初，在张居正主持下进行大刀阔斧的改革，史称"万历新政"，社会面貌焕然一新，一扫明朝中期以来的颓废，大有中兴之象。

然而，随着张居正去世，马上人亡政息，一切恢复原样。紧接着万历三大征，消耗财力物力无数，使得国家元气大伤。与此同时，努尔哈赤率领女真族在辽东白山黑水间崛起，不断发起对明廷的攻击，此后明军便陷于辽东战争的泥潭无力脱身。绵延不断的战争势必带来巨大的国力消耗，为了补充与后金作战带来的亏空，朝廷特意增加一项赋税，称作"辽饷"。"辽饷"的征缴加重了底层百姓的负担，同时产生了大量腐败，进一步加剧了社会矛盾。大明王朝一片内忧外患。

但是所有这些，并没有让万历皇帝有所警醒，他数十年泡在深宫之中不上朝，不处理政务，不接见大臣。万历皇帝怠政导致朝政处于半停摆状态，许多部门官员长期空缺没法及时补位，有些官员延退多年，或年老体弱，或疾病缠身，多次上书要求退休，结果泥牛入海，没有任何回音，有些人实在熬不下去了，干脆不等批准直接撂挑子走人。官员走了，万历也不过问，他懒到连惩罚一下的心思都没有。

那么万历皇帝究竟在干什么呢？他的兴趣只有一样，就是对金钱无止境的贪婪。按理说，天子富有四海，金钱对他应该没有任何意义，但万历皇帝对金钱显示出了近乎病态的渴求，搜刮了金山银海全部收入自己的小金库，以至于后来出现库藏银子腐朽化作泥土，但他对银子的渴求依然没有满足。

冬季到来之时，辽东大地冰天雪地，前线的明军士卒缺衣少食，战士们依然穿着褴褛的单衣与后金八旗军队作战，万历皇帝却舍不得拿出一文钱来，仿佛这一切都与他无关。

此时，国内已开始出现零星民众暴动，明王朝已危如累卵，万历皇帝却浑然不知。如果及时挽救，或许还有几分历史机遇，然而万历皇帝所做的一件事，彻底葬送了王朝最后的希望，那就是在选择继承人方面犯了致命错误。

万历皇帝的皇后不能生育，他跟一个宫女生下皇长子朱常洛，因嫌弃其母出身低微，一度不想认这个儿子，后来还是在皇太后施压之下，万般无奈才承认，但内心中压根就不喜欢这个都人子（明朝宫内称宫女为"都人"）。

万历皇帝宠爱郑贵妃，爱屋及乌，内心属意的皇位继承者是郑贵妃所生福王朱常洵。按照传统，皇太子选立的原则是立嫡不立庶，立长不立幼，万历皇帝的意图遭到内阁及群臣们的强烈反对。

万历皇帝自然不甘心轻易让步，文官们更是锲而不舍，摆出不达到目的决不罢休的架势。经过多年较量之后，万历皇帝领教了文官们强大而又持之以恒的战斗力，最后不得不妥协，宣布册立朱常洛为皇太子，但是内心中又不情愿失败，对太子朱常洛很冷漠，不但让他作为储君的正常待遇大打折扣，甚至有时候连正常衣食供应都得不到保障。

按理说，皇太子一经确立，就该接受系统的儒家教育和帝王之学，为将来接班打下良好的基础。在册立太子一事上，万历皇帝拗不过群臣，心中又看不起朱常洛，所以，他便摆出一副不合作态度，对大臣们一再要求让太子及早出阁读书不问不理，采用拖字诀。紧接着，皇长孙朱由校出生，他同样采取置若罔闻的态度，如此一来，大明帝国两代皇位继承人的早期教育近乎空白。

可以说，朱常洛和朱由校父子俩早年的悲剧生涯是万历皇帝一手造成的，由此引起的后果是万历皇帝死后，他身后两代继承人个人能力和文化素质严重低下，无力挑起统领帝国的重任，这也为明朝后期党争，以及阉党专权埋下了伏笔，大明王朝不可逆转地走向了灭亡。待到后来崇祯皇帝登基想只手回天，已是大厦将倾，无可奈何了。

万历四十八年（1640年），万历皇帝驾崩。在多年煎熬之后，朱常洛终于熬出了头，成为大明皇帝。长期的压抑，备受冷眼，饱尝辛酸，一夜之间出现了逆转，此间大喜大悲、大起大落，一时间让朱常洛手足无措。

犹如一个饥饿已久的人，因长久饥饿造成了肠胃的损害，本来该先喝点米汤，慢慢调养后再逐步丰富饮食，如果突然之间坐到豪华酒店，面前摆上山珍海味，那么一顿暴食暴饮之后就会吃撑，造成消化不良，甚至送掉性命。不幸的是，朱常洛就沦为这样一个悲剧角色。朱常洛第一时间选择了放纵自我，决定好好补偿一下自己。

郑贵妃长期打压朱常洛，如今万历皇帝已死，失去了靠山，难免心虚，生怕被秋后算账，为了讨好朱常洛，送去数名美女。朱常洛是个实诚人，他哪里料到这些貌美如花的女人其实是他的索命无常。史书载是夜朱常洛"御数女"，从此一病不起。后来他服用了鸿胪寺丞李可灼献的红丸，觉得浑身舒畅，便不听劝阻，又服用一粒，谁知随后病情加重，不久撒手人寰，被称为"一月天子"，也成为明史上在位最短的皇帝。朱常洛死后，遵庙号为明光宗。

朱常洛在位虽短，却留下一大堆问题。明末历史上的三大案"梃击""红丸""移宫"都由他而起，还都是糊涂案，至今搞不清。

朱常洛即位后，改元泰昌，按照惯例，次年才开始使用新年号。可如今朱常洛驾崩，新皇帝即位也必将改元，一年中三次改元，如何处理好年号问题，着实让大臣们伤了一番脑筋，最后采取了折中办法，当年八月前为万历四十八年，八月后为泰昌元年，次年正月初一为天启元年。

光宗尸骨未寒，宫廷斗争就立马上演。光宗生前最宠爱的女人是李选侍，这个女人一直对自己仅仅拥有选侍这个低级品位耿耿于怀，在光宗病危之际想设法坐上皇后宝座，但愿望还没来得及实现，皇帝就死了。

李选侍是个不甘心轻易认输的女人，她决定阻止大臣们瞻仰大行皇帝的遗容，并将皇长子朱由校藏匿起来，以此和大臣们讨价还价，她开出的条件是尊她为皇后。可哪有皇帝死了，还册封皇后的道理。

李选侍野心有余，能力不足，最后禁不住杨涟等一班大臣的连哄带吓，朱由校被大臣们抢走，然后登基称帝，是为明熹宗天启皇帝。

李选侍赖在乾清宫不走，理由是要照顾年幼的天启皇帝，天启皇帝已是十六岁，根本不需要她来照顾，她的真实想法是想就近控制皇帝。

李选侍对天启皇帝到底怎样，历来说法不一。天启初年大臣的说法是，她企图对皇帝不利，不过据崇祯皇帝后来回忆，李选侍对他哥俩很不错。不管哪种说法可靠，李选侍既不是天启皇帝嫡母，亦非生母，没有理由再待在皇帝身边。

最后，她经不住大臣们软磨硬泡，不得不选择搬离乾清宫，自此退出历史舞台。不过她生命力倒很强，一直活到了清朝康熙年间。

李选侍虽然谢幕了，但有个叫李进忠的太监在这次夺权斗争中崭露头角，第一次走进大众视野。他在这次斗争中坚定地站在李选侍这边，可惜押错了宝，一败涂地。

李进忠，本来姓魏，河间府肃宁（今河北肃宁县）人，出身市井，父母靠街头杂耍养家糊口，没有条件读书，唯好骑马射箭，能够左右开弓，箭无虚发。婚后，育有一女。

按照常理，李进忠将继承父母的技艺，靠街头卖艺了此一生。谁料他生来就不是个安分守己的人，受周围环境影响染上赌博恶习，一进入赌场天塌下来都不管。赌场上向来十赌九骗，李进忠赌瘾很大，奈何运气很差，常常输得一干二净。为了翻本，李进忠常常借钱后再上赌桌，屡赌屡输，屡输屡赌，结果没多久，赌债累积如山，放债人逼得紧，最后实在没办法，咬咬牙将自己女儿拿去抵债了事。妻子悲愤之下改嫁他人，远走异乡。

这件事，让李进忠在街坊邻居面前彻底抬不起头来，没脸见人了。家乡是待不下去了，李进忠只好简单收拾一下，跑到京城碰碰运气。京城虽大，但没有一技之长，想混口饭吃也很难。

后来，听说到宫里当差还不错，李进忠遂自己净身混入宫中，成为一名底层宦官。一般人对明清时期的宫廷宦官有认识误区，认为无论大小，一律称作太监，其实太监地位很高，是宦官圈内显赫成功人士的称呼，像李进忠这样刚入行的人，准确称谓应该叫作"火者"。

李进忠很快发现，宫里的日子并非想象那样好，他每天做的就是打扫庭院、做清洁之类的脏活累活，一天下来累个半死，干得好那是应该的，稍微手脚慢一些，便被上司骂得狗血淋头，周围小太监一个个贼精，一不小心就被下套使绊子。

这种日子啥时候是个头，如今返回老家继续做个小百姓看来已不可能了，自从入宫成了宦官，就走上一条不归路，思来想去，李进忠决定到地方税监试试，或许换个环境会好一些。

明朝自万历起，在地方设有许多税监，比如矿税监等，由太监出任税监，收取的税直接进入皇帝的腰包，而这些税监大多都是皇帝的亲信。

经过一番跋山涉水，李进忠来到四川投靠税监丘乘云。没想到丘乘云早就听说了李进忠的无赖事迹，对他没有好感，心中很厌烦这号人，一见面二话不说，下令将李进忠关了起来。

本就饥困交加的李进忠，在囚室内没过几天便奄奄一息了。可他命不该绝，恰好有一位当年相识的行脚僧云游至四川，听到消息后，赶忙替他求情，才捡回了一条命。四川是没法待下去了，李进忠只好又返回宫中。

经过这么一遭，李进忠算是明白了不少，要想在吃人不吐骨头的宫内站稳脚跟，必须要心狠手辣，还得有个强有力的靠山罩着。

长期市井厮混，李进忠很会察言观色，没多久他便攀附上了太监魏朝，使出浑身解数博得魏朝欢心。为了套近关系，李进忠恢复了自己本姓，后经皇帝赐名，唤作魏忠贤，他和魏朝二人在宫中被合称为"二魏"。只是以后他的所作所为和他的名字寓意相去甚远，既谈不上忠，也配不上贤。

有了魏朝这个大树做靠山，魏忠贤渐渐在宫里混得风生水起，先做库管，后来又去负责膳食房。应该说，刚开始魏忠贤的工作态度是积极负责的。

专督御厨，每啬于己而丰于人，毋论大小贵贱，虚衷结好，凡作一事，众系颂之。（朱长祚·《玉镜新谭》）

他对自己要求严格，而对别人比较宽厚，无论高低贵贱，他都一律热情周到服务，赢得大家一致好评。可见，魏忠贤的交际能力非常了得，在工作中抱着一团和气的精神，认真做事，绝不招惹人。在宫中做到这一点确实不容易。因为在宫中，人都很现实，很势利。

当初，朱常洛虽然贵为太子，但谁都看得出来，他很不受万历皇帝待见，太子之位一直岌岌可危，所以就连宫中小太监都敢给他脸色看。但是，魏忠贤不这么看，在他眼里所有这些服务对象都是主子，而太监是奴才，宫廷之内风云变幻难测，谁也难保明天会是怎样，也许今天高高在上，明天便身首异处，或许今天很悲催，过一阵就翻身崛起。

不得不说，魏忠贤是很有眼光的。长期的赌徒生涯使他明白，人生就是一场赌局，要押对注，不然就会输得连底裤都不剩，而在宫内一旦失败，丢掉的不仅仅是财富，很有可能是性命。

魏忠贤负责膳食那段日子，主要负责太子朱常洛的嫔妃王才人的伙食供应。在所有人不看好朱常洛的情况下，他对王才人服务非常到位，长期饱受冷眼的王才人被魏忠贤感动得不行。而王才人就是后来天启皇帝朱由校的生母，可惜命薄，没熬到朱常洛出头就死了，朱由校转由李选侍抚养，魏忠贤对李选侍一如既往体贴服务，给李选侍留下了良好印象。

朱常洛继位后，魏忠贤很快被李选侍视为自己人，魏忠贤也加倍讨好她。在内阁大臣与李选侍的移宫争斗中，他为李选侍出谋划策，坚定地支持她，甚至大胆呵斥群臣。然而这一次，他押错了宝，输得一塌糊涂。魏朝替他向司礼监秉笔太监王安求情。

王安是朱常洛在东宫期间的老跟班，他为人正直，忠心耿耿，数次帮助朱常洛化险为夷。在移宫之变中，王安坚定地站在内阁这一边，有了他做内应，天启皇帝顺利摆脱了李选侍控制。总之，王安是个正直的人，值得结交的人，他深得泰昌、天启两代皇帝的信任，也赢得了朝臣们的敬重。

王安经不住魏朝的一再央求，再加上他本来就不是狠辣的人，心一软，就同意向皇帝求情放魏忠贤一马，魏忠贤这才化险为夷。后来事实证明，王安为他这个决定付出了沉重代价，不过当时魏忠贤表现得很乖巧，很快获得了王安的信任，王安也不时地向皇帝赞扬魏忠贤做事干练，为人可靠。天启皇帝是个厚道人，很快忘记了魏忠贤在移宫之变中的不光彩表现。魏忠贤很快将迎来人生的黄金期，这一切与一个女人有关，她就是皇帝的奶妈客氏。

按照明朝宫廷制度，皇家小孩出生以后，生母并不哺乳，而是从民间招哺乳期妇人来哺育，天启皇帝也不例外。

天启皇帝的奶妈客氏，定兴（今河北省定兴县）人，早年嫁人，丈夫叫侯二，生下一子，取名侯国兴。没多久，客氏因偶然机会，被选为朱由校奶妈。当时选择奶妈的标准很严，要求相貌端正，无体味，无疾病。客氏身材丰满，面容姣好，显然符合要求。后来客氏丈夫去世，她便一直待在朱由校身边，一直到朱由校登基。

十几年的朝夕相处，两人之间感情基础深厚，朱由校对客氏产生了严重的依赖感，觉得只有客氏在身边，才能吃得下，睡得香，一会儿不见便寝食难安，坐立不稳。

可是，如今的朱由校不再是当年的懵懂孩童，而是大明天子，何况他已经年满十六岁，到了性萌动的青春期，两人再同处一室，朝夕相对，大臣们觉得很别扭，有失体统。御史王心一上书，劝谏皇帝让客氏搬出宫，以免瓜田李下之嫌，孰料天启皇帝置之不理。民间开始有风言风语，说皇帝和客氏之间关系暧昧。出现这种说法也不奇怪，成化皇帝和万贵妃鲜活的例子摆在那里，难免引来人们浮想联翩。

历来宫掖之内，大量宫女太监相处，日子久了，为了相互生活上有个照应，便私下偷偷结为"夫妇"，俗称"对食"，或者"菜户"，意思是在一起拼饭的伙伴。太监们已是生理残疾，所谓夫妇也是名义上的。

明初，太祖为防止宫内丑闻，严令禁止宫女太监私结对食，一旦发现，立刻处死，高压之下，没人敢冒险。不过再严厉的制度，时间一长难免出现松动。明朝中期以后，后宫结对食已经很普遍，大多情况下，皇帝也是睁一只眼闭一只眼，甚至对特别宠幸的太监，还亲自出面主持"婚礼"。有权势的太监拥有妻妾是身份的象征，也是很有脸面的一件事。

客氏本来就不是甘于寂寞的人，宫禁森严，很难接触外面的人，她便和太监魏朝结为对食。魏朝和客氏都是皇帝跟前的红人，他们结为对食，皇帝自然乐见其成。

天启元年（1621 年），天启皇帝大婚，立张皇后，这意味皇帝已经成年，御史毕佐周、刘兰上书，既然皇帝已大婚，客氏作为奶妈再留在皇帝身边显得不合时宜，为皇帝声誉着想，要求客氏马上离开皇宫，大臣们纷纷附议。

面对群臣们的舆论压力，天启皇帝有点招架不住了，不得已只好同意让客氏出宫。

客氏在数百随从的前簇后拥下回家，司礼监当班监官、典簿及文书房官员都跪在路旁接应，一路威风凛凛，不明真相的群众还以为是皇帝出巡了。

客氏离开皇宫没几天，天启皇帝觉得整个人没了主心骨，丢了魂一样，整日食不甘味，睡不安寝，便不顾群臣反对，下诏让客氏回宫。为了表达对客氏的尊崇，天启皇帝赐以四爪龙钮金印，封客氏为"奉圣夫人"。

一来二去，魏忠贤算是看出了客氏身上巨大的能量，他决定横刀夺爱，从魏朝身边把客氏抢过来。尽管魏朝对魏忠贤有恩，但在利益面前，这些算不得什么，如今的魏朝已不再是魏忠贤眼中的登天梯，而是绊脚石，他下定决心要把他搬走。

与魏朝早年入宫不一样，魏忠贤入宫之前早已娶妻生女，加上长期在市井间浮浪，颇懂风月，他发起强烈追求攻势之后，很快获得了客氏欢心，没多久，两人便厮混到一起。

魏朝被客氏晾到一边之后，对魏忠贤的插足感到异常气愤，此时方才明白过来，当初帮助魏忠贤就是引狼入室。他决定要捍卫自己的尊严，两人厮打起来，魏忠贤年轻力壮，加上早年练习过弓马，魏朝哪里是对手，没过几招就落了下风。

两人打闹动静太大，惊动了皇帝，天启皇帝听完原委后，觉得很有趣，便问客氏自己属意谁，此时客氏早已不屑于魏朝，根本懒得再看他一眼，径直走到了魏忠贤身边。天启皇帝见状，哈哈大笑，随后亲自为魏忠贤和客氏主持仪式，宣布他们是合法"夫妻"。

有了客氏助力，魏忠贤很快从惜薪司提升为司礼监秉笔太监。客氏和魏忠贤两人分工明确，一主内，一主外，相互协助，很快权势鹊起，内外侧目。

羞愤交加的魏朝在事后改名为王国臣，魏忠贤本着斩草除根的精神，并没有因为魏朝改名换姓就放过他。没多久，魏朝被发配去凤阳。魏朝对魏忠贤太了解了，他知道以魏忠贤的性子，绝对不会让他活着到凤阳，于是在半道上逃脱了，跑到蓟县北山寺藏匿起来。但没多久，魏忠贤就发现了魏朝的行踪，将他从寺庙揪出来，押解到献县处死。

魏朝死后，魏忠贤下一个目标瞄上了王安。天启皇帝对王安还是很信任，毕竟在他们父子最艰难的时刻，是王安帮助他们度过了困境。但是经不住魏忠贤和客氏的一再蛊惑，再加上王安本人对名利权势看得比较淡，自动提出隐退，皇帝便同意罢免了王安司礼监秉笔太监一职，让他回家安心养老。

王安回家没多久，魏忠贤假传圣旨将王安迁到西苑（今中南海一带），断绝饮食供给，打算困死他。王安名声很好，在民间颇受老百姓尊重，当地老百姓得知后，偷偷翻墙给他送来饭食。

过了一段日子，魏忠贤发现王安依然活得好好的，觉得不能再拖下去了。一天夜里，西苑月黑风高，王安打更途中，从半道上忽然窜出几条恶犬来，将他围在当中活活咬死了。

王安之死，扫清了魏忠贤向上爬的道路上的最后障碍。天启三年（1623年），他被任命为提督东厂太监，开始掌握大明这一最高特务机关。虽然名义上他还有个上级王体乾，但王体乾从不敢真拿自己当领导，实际上他一直依附于魏忠贤。

由于客氏和天启皇帝有着说不清道不明的关系，所以她对皇帝与嫔妃的关系特别上心，就连皇帝在哪个妃子屋里过夜她都一清二楚，甚至与几位嫔妃流产有直接关系，其中包括张皇后，这听上去有点骇人听闻，但实实在在地发生了，而皇帝浑然不知。

首次出手，客氏选中了赵选侍。赵选侍是光宗朱常洛的妃子，如今朱常洛已死，她早已无依无靠，也不知怎么得罪了客氏，客氏和魏忠贤矫诏将她赐死。后宫那么大，死个把人不足为奇，尤其是先皇帝留下的女人，所以赵选侍的死，在宫中没有激起一丝涟漪。

张裕妃很受天启皇帝喜爱，没多久就有了身孕，如不出意外，将会给皇帝产下一名皇子或者公主。张裕妃是个直性子，对客氏和魏忠贤所作所为早看不顺眼，对他们爱理不理，被二人记恨在心。

客氏和魏忠贤私下合计，万一张裕妃生下皇子，母凭子贵，肯定没咱们的好日子过，不如早日除掉她，将隐患扼杀在萌芽状态。于是客氏以张裕妃生孩子需要静养为由，把她幽闭起来，不提供饮食，最后将她活活饿死。

后来，天启皇帝另一名妃子冯贵人刚生下皇子，魏忠贤鼓动宫中操练，接连不断地放炮，致使小孩子惊吓过度夭折了。他们担心事情泄露，竟假传圣旨，赐死冯贵人。

张皇后看不惯天启皇帝胡闹。有一次，天启皇帝在魏忠贤的陪同下，在宫中玩操练游戏，玩到了兴头上，他让人请皇后也来玩。天启皇帝亲自持龙旗带领一队宫女，让皇后持凤旗带领另一队人，做两军交战状。张皇后一看这种小孩子过家家般的游戏，觉得很无聊，便推辞自己身体不舒服，径自回宫了。天启皇帝感到很扫兴，魏忠贤联想起皇后平常没少给他脸色看，便想对皇后下手。

不久张皇后有了身孕，皇后怀孕可是大事，加上以前嫔妃的孩子没一个存活下来，天启皇帝非常高兴，提前给未出生的孩子准备了一大堆玩具。就在天启皇帝满怀期待，准备做父亲时，魏忠贤和客氏对皇后伸出了魔爪，让人在给皇后做按摩时，趁机重力按压皇后腰间，这是当时宫中用来使妇女流产的手段，皇后年少，哪里懂得其中暗藏的门道，最终不幸流产。

客氏后来打算和魏忠贤联手废除张皇后。从法理上说，能废除皇后的只有皇帝一人，而且就是皇帝想无缘无故废除皇后，也势必引来群臣反对，不是那么容易的事儿。但客氏和魏忠贤就有胆子这么干，而且信心满满。

想要废除皇后，就要先把她搞臭，张皇后无论执掌后宫还是个人私德都似乎挑不出什么大的毛病，但这难不倒客魏二人。魏忠贤对外宣称张皇后出身来历不清白，根本不是他爹的女儿。当时，锦衣卫镇抚司监狱中有一个海盗出身的囚犯，名叫孙止孝，魏忠贤让人串通好，称孙止孝老婆怀有身孕后，被皇后父亲得到，后来生下张皇后。如此一来，张皇后凭空多出了一个海盗父亲。

魏忠贤编造的故事太过于离奇，就连客氏老妈都看不下去了，便劝女儿赶紧收手，让她明白自己终究是个奴才，千万别玩火自焚，但二人哪里听得进去。魏忠贤还指使朝中官员上书指控张皇后。张皇后还没倒台，客氏已经开始为她张罗后事。客氏放出话来，说皇后下台后关禁闭的去处她都已经准备好了，这般猖狂至极，全然不把皇后放在眼里。

张皇后的身世故事传到天启皇帝耳中，别看他平常稀里糊涂，被客魏哄得团团转，但在这件事上并不糊涂，再加上他对皇后感情深厚，根本不信这番鬼话，下令彻查此事背后到底是谁在捣鬼。这一来，魏忠贤慌了，赶紧逼得相关人员自杀了事。

魏忠贤和客氏知道这么一来，他们彻底把皇后得罪了，于是决定一不做二不休，棋走险招，派人暗杀张皇后。刺客刚埋伏在皇后的坤宁宫，还没来得及动手，恰逢天启皇帝驾临，仓促之间败露行迹，皇帝觉得不对劲，命令禁军将刺客捉拿归案，下令东厂和锦衣卫立刻破案。

魏忠贤找来心腹王体乾商议如何蒙混过关，王体乾得知后，惊慌失措，劝魏忠贤赶紧罢手，皇帝皇后感情深厚，切不可造次，否则怎么死的都不知道。魏忠贤听后也一阵后怕，暗中命令东厂，将参与刺杀活动的人就地灭口。

张皇后侥幸逃过一劫，但别人就没有这么幸运了。

范贵妃因琐碎小事得罪了客氏，被打入冷宫。李成妃和范贵妃相处得不错，两人堪称闺中密友，不忍心见范贵妃遭罪，便在皇帝临幸之际，替她说了几句公道话。本以为是夫妇私房话，李成妃没有做太多防范，哪料到客魏二人的眼线无处不在，李成妃的话很快被客氏得知。等皇帝离开之后，客氏便将李成妃从被窝里拽出来，披发赤足关到夹道之中。客氏打算故伎重演，将李成妃也饿死。

不过李成妃自打算给范贵妃求情起，就料到会有这么一天，张裕妃的死使她汲取了教训，偷偷藏匿了一些食物。过了许久，客氏发现她没被饿死，还好好地活着，不得已把她放了出来，贬为宫女。

由于客氏和魏忠贤的作恶，天启皇帝没有一个孩子成活下来。令人惊奇的是，面对身边数位嫔妃出事，他竟然浑然不觉，以至于后世怀疑他是否智商存在问题，但从历史资料看，他似乎心智并无障碍，实在匪夷所思。

信王朱由检是天启皇帝的同胞兄弟，兄弟二人手足情深，客魏二人知道自己作孽太多，怕被朱由检秋后算账，所以也想对他下毒手，但终究没有得逞。事后魏忠贤就像什么事也没发生一样，当时的他不会知道，将来就是张皇后和朱由检这两个人，将自己送上了不归路。

魏忠贤明白自己的一切权势都来自皇帝，离开皇帝，他不过是一个市井无赖而已，所以要设法哄皇帝开心，只有这样自己的权势才能牢固。

中国历史上许许多多帝王中，天启皇帝绝对是个异类，他早年没有经历过正规的帝王教育，脑海中一片空白，接到大臣们的奏折，他没有能力看懂那些按照四六骈句写成的文本，只有让身边的人读给他听。

皇帝也是人，也有喜怒哀乐和个人爱好，但皇帝的位置决定了他的喜好从来都不仅仅是个人私事，一言一行都会对朝野形成广泛影响。唐太宗极度推崇王羲之，当时朝野都在学王书，兰亭序更是被推至尽善尽美的高度。至于像宋徽宗和李后主那样，沉迷于个人艺术追求，只知道书画丹青和诗词歌赋，荒废朝政，导致江山易主、国灭身亡的事历史上比比皆是。

天启皇帝没有读过书，但在器具加工和工程模型制作等方面，有着常人难以达到的天赋，而对事关国计民生的朝政大事提不起兴趣来。一旦劳动热情激发出来，天启皇帝可以不眠不休，抡起斧子、锯子、刨子，汗流浃背地干活，还常常把身边太监们也拉进来做助手，挑灯夜战，直到一件器物在手中完工。

无论镂空雕花，还是打磨上漆，天启皇帝干的活可以说美轮美奂、巧夺天工，观者无不惊叹。天启皇帝心灵手巧，曾设计一款床，轻便、灵巧，可以自由折叠随身携带。有时候，天启皇帝让人将自己制作的器物拿到市场上去卖，一上市就被抢购一空，这让他很满足，很有成就感。

对宫室建筑，天启皇帝也有着浓厚的兴趣，他曾按比例制作出一座乾清宫的模型，梁柱、琉璃瓦、门窗都特别逼真，可以自由组装拆卸，就是专业设计师看完后都自叹不如。有时候，天启皇帝就像一个爱恶作剧的孩子，花很长时间好不容易完成的模型，自我欣赏一番之后便拆卸毁掉，然后重新开始做，如此反反复复，乐此不疲。

天启皇帝制作的木偶人栩栩如生，面部表情逼真生动，四肢能够自由活动，他常用自己制作的木偶人进行傀儡戏表演。先让人做一个木制水池，池内蓄满水，投入鱼虾鳖等，然后围上幕布，表演者手持木偶人在水面表演，锣鼓配乐，热闹非凡，天启皇帝在台下看得津津有味。

相对于朝廷正式政务会议，天启皇帝对仪式性典礼更感兴趣，比如元旦、冬至及春秋大祭典礼等，看着满朝文武衣冠整齐，各种仪仗排列有序，鼓乐齐鸣，天启皇帝很兴奋，很投入，这大概与他喜欢戏剧有很大关系，或许在他眼里，这种庄严的国家典礼就是一种表演。

天启皇帝对政事不感兴趣，恰好给了魏忠贤机会，朝廷大臣上书给皇帝，必须经过司礼监，魏忠贤接到奏折后，常常趁皇帝忙着干木工活时，毕恭毕敬地请示，说有要紧政务要处理。天启皇帝干活正在兴头上，被魏忠贤这么一打扰，觉得败了兴致，便回头说："没见朕正在忙么，啥事都来烦我，要尔等作甚，你看着办吧！"有时候，他还特意加一句："勿欺我！"很显然，他这是在警告诉魏忠贤不要欺骗自己，但这话对魏忠贤有多大的用处，只有他自己知道了。

魏忠贤取得了皇帝的信任以后，胆子慢慢大了起来，开始擅自作主张批阅奏章，处理朝廷大事，渐渐开始独揽大权。内廷搞掂了，并不意味就可以为所欲为了，因为朝中那些大臣们并不好对付，天启初年，朝堂上占据高位的大部分是东林党人。

在这里有必要交代一下，明朝后期的党争和东林党人的兴起过程。明朝党争起于万历后期，在天启年间达到顶峰，一直延续到明朝灭亡。朝堂党争历来有之，有些人为了共同的信念和利益，或以郡望相同，或以有同门师生之谊，相互援引，成为一种政治团伙，是为朋党，然后与别的政治势力争权夺利，形成党争。

万历年间，无锡人顾宪成中进士，后来出任吏部文选司郎中。顾宪成为人正直，敢于犯颜直谏，常惹得皇帝生气，一见他就烦。万历二十二年（1594年），内阁重组，按例吏部提交组阁名单，顾宪成提出的人选，皆是万历皇帝讨厌的人，再一次惹恼皇帝，随即被罢官回乡。

顾宪成是个博学大儒，在庙堂之上受挫后，并没有垂头丧气一蹶不振，回到家乡后想办点实事，思来想去决定修书院，传播儒家学问。无锡有一座宋人杨时（世称龟山先生）创建的东林书院，经过数百年沧桑岁月，已沦为废墟。顾宪成打算重修东林书院，将自己的想法跟好友高攀龙、弟弟顾允成一说，他们很赞成。

江南一带历来文化氛围浓厚，顾宪成重建东林书院的消息传出后，乡绅纷纷慷慨解囊，出钱出力，当地地方官员也积极支持。书院建成后，许多大儒前来讲学，有些地方官员甚至朝廷高官都前来搞学术交流活动，发表时政评论，逐渐变成一个政治交流论坛，影响越来越大。

这些人没有严格的组织架构和组织准则，来去比较自由，大多对自我道德情操要求比较高，对外以政治清流标榜，逐渐形成一股政治势力，当然其中也不乏投机分子混进来。因为以东林书院为基地展开活动，所以时人称他们为"东林党人"。

天启皇帝父子二人之所以能够保住位置，东林党人出了很大力，所以天启皇帝很倚重东林党人。天启初年，在朝堂上东林党人开始崛起，代表人物是吏部尚书赵南星，左副都御史高攀龙、杨涟，以及左光斗、魏大中等，其中赵南星是东林党人的核心人物。

客观来说，东林党人中有许多情操高尚、忧国忧民的官员，为了实现自己的理想，能够严格约束自我，但当他们形成一股政治势力的时候，个人意志往往必须屈从于整体利益，道德很快沦为打击对手的工具，他们以君子自居，凡是与自己政见不和的人都统统斥为小人。

东林党崛起的过程，就是与齐、楚、浙党斗争的过程，刚开始本来是施政方略与路线之争，很快就演变成纯粹的党争，没有是非，只有利益，大家都用冠冕堂皇的理由，行铲除异己之实。

道德本来是用于自我约束，当它沦为政治斗争的工具时就变质了。一个成熟的政治博弈，应该是相互妥协的过程，一个成熟的政治家，应该学会审时度势，懂得变通，一味靠占据道德制高点，以僵化教条来实现政治理想，往往对国家造成更大的伤害。

明朝宦官专权有多重原因，但最重要的一条就是皇帝需要。皇帝需要倚重宦官来制衡内阁。相对于文臣，宦官是皇帝家奴，更容易获得信任，内廷和外臣相互制衡又斗而不破，才是皇帝愿意看到的。

东林党人自形成之日起，就以为皇帝受到宦官蒙蔽，企图一举将宦官势力打压下去，结果造成内廷与朝臣的斗争，而朝臣又被撕裂成阉党和东林党两派，从万历年间开始党争贯穿整个明末，消耗了大量政治资源，毫无疑问是大明朝的悲剧。

历史没法假设，我们无法猜测魏忠贤和东林党人能否像张居正和冯宝那样联手开创出"天启新政"来，不过，避免内耗的历史机遇还是曾经有过。

刚开始，魏忠贤全力发展和巩固宫内实力，与朝臣相安无事，对朝廷那些士大夫保持着相对尊敬，还常在天启皇帝面前称赞赵南星是国家栋梁，社稷之福。

种种迹象表明，魏忠贤起初并不想和东林党人血拼，他没有信心，也没有胆量斗垮东林党人。作为一个文盲，面对手握大权的高级知识分子们，他内心中很自卑，况且，天启皇帝感念东林党人在他们父子二人上台过程中所做的贡献，朝廷重要部门和重要岗位上几乎都是东林党人，明朝文臣的战斗力又相当强悍，魏忠贤实在犯不着冒险和东林党人作对。

东林党人和王安在移宫之变中，曾有过良好的互动配合，说明东林党人并不拒绝和内宦合作，魏忠贤一开始想着，走了王安，大家还可以继续合作下去嘛。然而，这次他想错了。

东林党人出于士大夫的天性，从骨子里对魏忠贤嗤之以鼻。当他们与齐、楚、浙党斗争取得胜利以后，就将矛头对准魏忠贤，旗帜鲜明地反对宦官干政。

有一次，魏忠贤与赵南星两人并坐弘政门议事，赵南星用告诫的语气对魏忠贤说："主上冲年，内外臣子，会各努力为善。"言下之意很明白，干好自己的事，别没事瞎套近乎。

魏忠贤听完这番说教，心中很是不痛快，觉得自己热脸贴到了冷屁股上，不过，他脸上并没显露出来，不想和赵南星为这等小事闹翻脸，相反，还时不时派人到赵南星府上送礼物，试图结交，拉近两人的关系。

赵南星面对魏忠贤送来的礼物，二话没说就让人扔了出去。魏忠贤不惜屈身结交，却被赵南星接连拒绝，面子上挂不住，便开始忌恨起东林党人来。随着势力的不断膨胀，魏忠贤和朝臣之间的冲突已经不可避免了。

既然东林党人没法和自己同道，魏忠贤觉得很有必要在内阁安插自己的代理人。顾秉谦、魏广微二人和魏忠贤有所走动，魏忠贤想把他们二人推举入阁，毫无疑问，这触动了东林党人的利益，立刻有人跳出来弹劾二人。

魏广微之父魏允贞生前与赵南星是好友，按照辈分算起来，魏广微属于子侄辈，魏广微最初热络魏忠贤，顶多是给自己多经营一条人脉，并没完全背离东林党人，所以还时常前去拜访赵南星，结果接二连三被拒之门外。赵南星还放出话来，魏允贞没有这个儿子，这话说得太重，刺伤了魏广微的自尊。

魏广微起初接近魏忠贤或许本是一种策略，还在摇摆状态，赵南星的做法无疑彻底将许多像魏广微这样的人推入魏忠贤怀抱。于是朝廷官员中出现了一股与东林党人对立的政治势力，因为都团结在魏忠贤周围，被称为"阉党"。可以说，阉党的壮大东林党人也有一份"助力"。

阉党骨干中，崔呈秀、田吉、吴淳夫、李夔龙、倪文焕等文臣出谋划策，组成智囊团，号"五虎"；田尔耕、许显纯、孙云鹤、杨寰、崔应元等武官作为爪牙，号"五彪"。此外，还有号称"十狗""十孩儿""四十孙"等一帮子人，都是阉党死忠。随着魏忠贤势力的不断壮大，除了中央各部官员，地方上总督、巡抚等大员中不少人也纷纷攀附魏忠贤。

为了抱上魏忠贤的大腿，许多人厚颜无耻到了令人作呕的地步。比如礼部尚书顾秉谦，本已是年过古稀，黄土快埋过头顶了，颤巍巍地跑到魏忠贤府上，身后还领着自家儿子，一进门顾秉谦就跪在地上，对魏忠贤说："本来想认您做爹，奈何年纪超标，只好让我儿子给您做孙子。"这还不是变着法儿给人家做儿子，顾秉谦一脸诚恳，说得魏忠贤都不好意思拒绝了。

随着锦衣卫指挥使许显纯成为阉党忠实走狗，魏忠贤掌握了东厂和锦衣卫，将大明两大特务机构都攥在手心，情报网覆盖了皇帝的床头到普通老百姓的灶头。

有一次，在一个偏远地带的小旅馆，四个投宿者在漫漫长夜闲得无聊，就在那里天南地北地闲聊，突然其中一个人将话题扯到魏忠贤身上，开始破口大骂，他很快发现只有自己一个人在谩骂，其他几个人吓得面如土色，不敢吱声。就在此时，谩骂声惊动了无孔不入的东厂特务，很快几个人被抓到东厂，骂人者在众人面前被活活折磨而死，未骂者得到了奖赏，但这几个人早已惊吓过度，从此精神彻底崩溃。

按理说，拉帮结派是东林党的强项，谁想到，魏忠贤的阉党集团很快无论规模还是人数都超越了东林党，原因很简单，东林党人门槛比较高，标准严，对道德情操等提出很高要求，而且吸纳资源的渠道也不外乎同乡或同门师生。阉党就不一样了，不管来自何方，以前做过什么事，只要肯听话卖命，就是阉党的同道中人。

至此，魏忠贤已不仅仅是代表个人，而是一方政治势力的总代表。投靠他的人中，有大量政治投机分子，却也不乏有报国理想的正直官员。这些人刚出仕的时候也曾热血澎湃，一心为国为民，但随着岁月的流逝，当年壮志早已在无情的时光打磨中消耗殆尽，如今他们只有一个目标，就是在官场站稳脚跟，努力爬上权力巅峰。

阉党和东林党两派渐渐势同水火，想要在夹缝中生存，或者持骑墙想法，无疑会被阉党和东林党都视为异己，根本无法立足。在当时非黑即白的政治生态中，站错队的后果很严重，跟错人的下场更是死无葬身之地，所有人都必须表明态度，无论是投机分子，还是真心做事的人，都不得不选择某一方作为靠山。

一场将大明推向彻底不归路的政治斗争即将拉开序幕。一方是坚信自己是正人君子的东林党人，一方是赌徒魏忠贤。魏忠贤在以前的赌博生涯中都是参赌的赌客，而这一次他成了庄家，赌注就是大明天下，可惜这次赌博最终没有赢家。

魏忠贤和东林党人正式交火，起因于一个叫汪文言的人。

汪文言，南直隶徽州府歙县人，狱吏出身，因为贪污混不下去了，跑到京城花钱捐了个监生，后来结识了太监王安。那时候朱常洛还很狼狈，但汪文言眼光独到，很看好他。

后来发生的一切证实了汪文言这个人不简单，他没有东林党人常有的那种书生气，狱吏的工作生涯，使他对人性有着更深刻的了解，总之他做事有能力，够狡猾。

东林党人之所以能斗垮齐、楚、浙三党，很大程度上要归功于汪文言。如今王安死了，汪文言没了靠山，加上他又没有功名，因此表面上看他呼风唤雨，实际上不过一介布衣，魏忠贤想整他太容易了。

很快，汪文言被逮捕入狱。按照一般规律，汪文言在牢中不死也要脱层皮。可后来发生的事，再次证明了汪文言的能耐，他不知采用什么方法，竟然安然无恙地出狱了，似乎魏忠贤没怎么为难他。

坐了魏忠贤的黑牢还能成功出狱，这使汪文言非但没被整垮，反而名气更大了，以至于赵南星、左光斗、杨涟这些东林党大佬都上门接风慰问，一时间汪文言门前华盖云集、车水马龙。后来，就连内阁首辅叶向高也亲自找上门来。没多久，汪文言被任命为内阁中书。一个没有考取过功名的人，被安排在如此重要的位置，说明东林党人在提拔自己人时，规章制度这些条条框框完全是选择性使用。

出人意料的是，魏忠贤竟然对此保持了沉默，或许他此时还在犹豫，有所顾忌。但很快发生的一件事，彻底拉开了阉党和东林党战斗的序幕。

事情很简单，就是一起人事变动引发了两派恶斗。天启四年（1624年），吏科都给事中位置出现了空缺，吏科给事中阮大铖想更进一步，为此不惜到处跑官要官，递帖子拜码头，但这件事最终要办成，还是要吏部尚书赵南星说了算，赵南星是标准的东林党人，看不惯阮大铖的嘴脸，不让升职不说，还要摘掉阮大铖的乌纱帽。

眼看饭碗不保，阮大铖着急了，开始乱咬，上书告发汪文言和左光斗。阮大铖此人在明清文学史上有一定地位，他创作了几部戏剧流传至今，只是人品太差，用无耻二字实在难以概括。后来在南明时期他和马士英二人将弘光小朝廷搞得乌烟瘴气，清兵南下时还带头投降，没有丝毫士人的骨气，更谈不上民族气节了。

阮大铖此时告发汪文言还是有些道理，毕竟汪有被违规任命的嫌疑，但告发左光斗纯属恩将仇报。阮大铖能够被提拔进京还有赖于老乡左光斗推荐，但是阮大铖恨左光斗在这次晋升中没帮他，于是就一起下黑手了。

很快，汪文言被逮捕，投入锦衣卫镇抚司监狱，左光斗暂时还没事。镇抚司指挥佥事刘侨为人正直，不愿意干昧良心的事，让汪文言在监狱里好吃好喝地待着，日子过得还不错。

魏忠贤一看，这还了得！二话不说立马替换下刘侨，让自己的忠实走狗许显纯顶上。许显纯一上岗就变着法折磨汪文言，将各种酷刑都轮流使了一遍，比如用钢刷刷人，使肌肤片片掉落，血肉模糊，又用铁钩贯穿汪文言的琵琶骨，吊在半空中，但汪文言依然紧闭牙关，根本没有乱咬人的意图。过完堂后，汪文言早已被折磨得不成人形。

许显纯本以为汪文言就是个没原则的家伙，吓唬吓唬就什么都招了。他没想到，汪文言虽然曾做过不少不太地道的事，也曾游走于各派之间，但他有自己做人的底线。

汪文言入狱后，所有人都躲着他，平常称兄道弟的多，关键时刻没人现身帮他，只有他的侄子花银子买通看守混进牢中，看着已不成人形的汪文言，号啕大哭。汪文言大声斥责侄子不要哭泣，表明自己并不怕死。

眼看汪文言已是奄奄一息，许显纯快绝望了，这么熬下去，得不到任何有用的口供。他本想通过审讯汪文言，在魏忠贤面前好好露一把脸，如意算盘眼看要落空了，便计划伪造一份口供，将杨涟、左光斗、魏大中等东林党人牵连进来。许显纯当着汪文言的面伪造假口供，用得意扬扬的语气说："就算你不承认也没有用，就是死了也要背上罪名。"

面对许显纯的无耻伎俩，汪文言挣扎着用最后一口气说，"如果你胡乱捏造，我就是死了，也要到地下与你对质。"汪文言最终死在狱中，至死也没有屈服，时为天启五年（1625 年）四月。

汪文言事件牵扯的人太多，内阁首辅叶向高觉得自己有责任，主动提出辞职，但是天启皇帝没同意，孰轻孰重他还是明白的，目前朝廷离不开叶向高。

而就在此前，天启四年（1624 年），左副都御史杨涟抛出了一枚重磅炸弹，上书控告魏忠贤，奏章中历数了魏忠贤排除异己、陷害忠良、图谋不轨、杀害无辜等共二十四大罪状，字字见血，每一行文字下面都有无数个冤魂在呼喊。

杨涟不是不知道，魏忠贤如今掌握了东厂和锦衣卫这两大情报机构，他的奏疏很难瞒得住魏忠贤的耳目，但为了正义，他必须站出来，发出自己的呐喊，也是向世人证明，在这个污浊的世界里，正义并未完全消失。

　　杨涟平静写完后，等待次日上朝亲自交到皇帝手里，谁料皇帝临时取消了朝会。杨涟迟疑了一会儿，最终还是将奏疏递到相关传达人员手中。那一刻，他已经料到，奏疏很快会出现在魏忠贤手中，但他目前只能如此，免得夜长梦多。朝中遍布魏忠贤的走狗党徒，他写奏疏的事，终究难以瞒过东厂耳目，谁也不能保证魏忠贤不会提前下手。

　　不出所料，奏疏很快落到魏忠贤手里。对于杨涟，魏忠贤并不陌生，在移宫之变中已经较量过了，他深知此人身上的能量。四年时间过去了，杨涟还是当年的杨涟，魏忠贤却不再是当年的魏忠贤。

　　魏忠贤知道这份奏疏就是东林党人对他的宣战书，它犹如一把匕首，闪着寒光。那一瞬间，魏忠贤产生了莫名的惶恐，绝不能让皇帝看到它，他毫不犹豫地扣下了奏疏。在接下来的三天里，皇帝都没有上朝，毫无疑问全是魏忠贤捣的鬼，目的就是不让皇帝接触到杨涟。总这么耗着也不是办法，到了第四天，魏忠贤让皇帝象征性地到大殿转了一圈就早早下朝了，根本没让杨涟有说话的机会。

　　但魏忠贤低估了杨涟的智商和斗争艺术，作为御史，杨涟比谁都清楚如何造势和发动舆论。没过几天，杨涟的奏疏内容，除了没有传到皇帝耳朵里，几乎传遍了京城，朝中官员更是人手一份。

　　许多人看了杨涟的奏疏后，觉得无比痛快，出了长久以来压在胸中的一口闷气，自发当起了宣传员角色，广泛抄送。左光斗更是联和朝中东林党官员共同上书批判魏忠贤，很快在朝廷上下掀起一股讨伐魏忠贤的舆论浪潮。甚至阉党中的一些骑墙派眼看风向有变，也马上掉转头，加入批判魏忠贤的队伍中。

　　讨伐魏忠贤的风潮越来越急，后来连宫中宫女太监也开始私下议论纷纷，终于传到了天启皇帝耳中。天启皇帝觉得很有必要找魏忠贤来问话，搞清楚究竟是怎么回事。

事情的发展远远超出了杨涟的预料，他自己都没想到会掀起如此大的风暴来，东林党上下一片喜气洋洋，充满了乐观，觉得这次魏忠贤离死不远了。

魏忠贤为了自保，不得不放低身段，跑到内阁求东林党大佬们放他一马，内阁大学士韩𭎂态度坚决地回绝了。叶向高倒是态度很和善，没有一口气把话说死，表示只要魏公公改正，还是有话好好说。好多人对叶的话很不满意，认为他立场有问题。

对于叶向高，杨涟持保留意见，觉得叶向高此人万般好，就是太过于胆小，作为堂堂首辅，就不能对魏忠贤硬气起来。杨涟因此对叶向高多少有些轻视，在上书之前，也没有和叶向高沟通。

作为东林党人的领袖，内阁首辅叶向高眉头紧锁，觉得大家太过于乐观了，目前形势还不明朗，不能掉以轻心，没必要把对手完全逼入死路，他也不相信魏忠贤会很容易垮掉。

叶向高的担忧不是多余的，魏忠贤如今树大根深，内有客氏做呼应，外有一帮朝臣走狗，还掌握了东厂和锦衣卫这两大利器，哪有这么容易扳倒。

此前，叶向高不止一次劝过杨涟，收拾魏忠贤不能操之过急，要耐着性子。但杨涟显然低估了魏忠贤的能量。魏忠贤就算抛却一切条件，只有一条，东林党人就不是对手，那就是皇帝的信任。

而杨涟也将希望寄托在皇帝身上。但事实证明皇帝不是站在杨涟这一边。要说魏忠贤的所作所为，天启皇帝一点都不知道，那是不可能的，没有任何证据证明魏忠贤完全控制了他。在皇帝眼里，臣子对自己忠诚是最重要的，其他并不那么重要。而在天启皇帝心中，魏忠贤对自己是绝对忠诚的。

此时，魏忠贤正跪在皇帝面前，一把鼻涕一把泪，表现得像受了天大委屈的孩子，向皇帝提出辞职，说有人害他，还要对陛下图谋不轨。

天启皇帝听完只说了一句话："拿奏疏给我看。"

杨涟奏疏内有迫害怀孕嫔妃致死、私自操练兵马等内容，这些极具杀伤力的事情，一旦让皇帝看到，魏忠贤必死无疑。

就在魏忠贤感到死神向自己招手那一刻，他猛地想起皇帝是不识字的。大臣奏疏天启皇帝都是让人读，然后做出审批意见。给皇帝读奏疏的人，正是魏忠贤的心腹王体乾。

这下好办了，王体乾读杨涟奏疏时，避重就轻，有选择性地读，天启皇帝听完后觉得也没多大事，便让魏忠贤接着干。那一刻，魏忠贤如释重负。

天启四年（1624 年）十月，魏忠贤假传圣旨，对赵南星、杨涟、左光斗、高攀龙等提出严厉批评，大家只好提出辞职，收拾行囊回家了。

至此，东林党人大势已去，只有叶向高硕果仅存。叶向高本想独自支撑一阵，以待形势回转。魏忠贤哪里肯放过他，每天派一群小太监围着叶府辱骂，忍无可忍之下，叶向高只得辞职回家。随后，内阁大学士韩旷也提出了辞职。

东林党人全部被踢出了内阁，走狗顾秉谦任首辅，魏忠贤完全掌握了朝政大权。当然，魏忠贤不会就此放过东林党人。

天启二年，辽东经略熊廷弼下狱被判了死刑，但他不甘心，听说汪文言手眼通天，各派都能说上话，求他拜托一下魏忠贤，魏忠贤也同意了，开出价码四万两，但事后熊廷弼却拿不出这么多钱。

魏忠贤感觉被耍了，恼羞成怒，认为汪文言黑吃黑，贪了银子。如今熊廷弼、汪文言都已死，死人是不会说话的，魏忠贤便以伪造的汪文言口供，指控杨涟受贿两万两，左光斗等人也逃脱不了嫌疑。杨涟、左光斗、魏大中等以受贿罪名被捕。

许显纯亲自出马审讯杨涟，但各种非人的酷刑折磨，并没有摧垮杨涟的意志，魏忠贤觉得再审下去只是浪费时间，决定让杨涟死在监狱里。

想让杨涟死掉也不是一件容易的事，没有公开审判，只能秘密处死，而且要设法做得不露痕迹。但杨涟生命力之顽强，让许显纯这个杀人不眨眼的魔鬼都产生了恐惧。

许显纯先用铜锤砸断了杨涟的肋骨，然后将装满土的布袋压在他身上，但是谁想到，第二天杨涟依然活得好好的。许显纯又让人把铁钉钉入杨涟耳朵，然而他依旧不死。一种莫名恐惧笼罩在许显纯心头，他觉得无论如何也不能让杨涟活下去，于是他把一根大铁钉，钉入了杨涟的头顶。于是，一个顽强不屈的生命离开了人世。杨涟不知道，他临死时，有人和他经受着一样的折磨，此人便是左光斗。

左光斗身上同样表现出了高贵的气节，死不低头。家人和亲友们还保有一份幻想，企图花钱将他赎出来，但魏忠贤根本就没打算让他活下去，此法完全行不通。

早年，在一个大雪纷飞的日子，左光斗在一座败落的寺院中救助了一名落魄书生，此人就是后来南明时期孤守扬州的民族英雄史可法。史可法很受左光斗器重，他也对左光斗执弟子礼。听说了老师的遭遇后，史可法用尽了一切办法，花了不少钱，才买通狱卒，进入监牢，见到了左光斗。左光斗腿骨被打断，半靠在墙上才能坐立，脸部被烙铁烫得已无法睁开眼睛。史可法见到老师的惨状，忍不住抱住左光斗哭出声来。左光斗听出来是史可法的声音，挣扎着用手拨开眼皮，目光如炬，抖动着手上的镣铐，呵斥史可法早点离开，见史可法不愿走，便做出要打人的样子，喝骂说："你再不走，与其死在阉党手里，不如先让我打死你！"史可法只好怆然离去。史可法后来每提到这件事，总忍不住流下眼泪来。

天启五年（1625年）七月，左光斗最终死在监狱里，紧接着魏大中、袁化中等东林党人也死在魏忠贤爪牙手中。

一起投入锦衣卫诏狱的东林党人，如今活着的就剩下顾大章一人。顾大章在牢中结识了一名姓燕的杂役，此人本是江湖异人，隐身于牢狱，他使用各种关系，暂时保住了顾大章的命。

如果让所有人都死在牢中，实在说不过去，许显纯便同意将顾大章转到刑部大牢。虽然同样是坐牢，锦衣卫监牢是秘密特务监狱，刑部监牢好歹是按照章程办事的司法监狱。

杨涟临死时写了一份遗书，顾大章一直偷偷将它藏在身边，等转移到刑部后，便将遗书公之于世，将东厂和锦衣卫各种罪恶公布于天下，然后慨然自缢，追随杨涟他们去了。至此杨涟、左光斗、魏大中、袁化中、周朝瑞、顾大章六人全部遇害，史称"六君子之狱"。

至于那个姓燕的异人，此后远走江湖，后来东厂特务听说他曾在某地酒馆出现过，急忙去缉拿，等赶到的时候，早已人去楼空，此后江湖茫茫，下落不明。

魏忠贤仍然不想就此收手，打算再接再厉，将东林党人一网打尽。高攀龙、李应升、黄遵素、周宗建、缪昌期、周起元、周顺昌七人早已被魏忠贤列入黑名单，被魏公公锁定，意味着他们已经收到了阎王的邀请函。

李应升、周宗建、缪昌期、周起元很快被抓起来，押送上路。高攀龙不想受辱，东厂特务还没赶到他家，他便投水自尽了。只是，在捉拿周顺昌时候出了意外，酿成一起声势浩大的反特务运动。

周顺昌，苏州人，为人清廉仗义，在老家口碑很不错。东厂特务有个传统，抓人的时候，顺便讹诈家属一笔钱，这一次也不例外。他们早早放出话来，如果周家拿不出钱来，他们可不能保证周顺昌路上的安全，能否顺利到达北京就不知道了。

周顺昌家穷，根本拿不出钱来。街坊邻居们看不下去了，便一起凑钱，只希望东厂特务们不要过于为难周顺昌。消息传开，苏州市民纷纷走上街头，人数足有十几万人，街道被堵得水泄不通。大家围在县衙前，希望地方官出来说句公道话，巡抚毛一鹭是个胆小鬼，觉得市民众怒难犯，东厂更不敢得罪，便窝在衙门不敢出来，双方就这么对峙着。

东厂特务平常嚣张惯了，不知天高地厚，此次专案捉拿带头人文之炳这时候很不识相地站出来，大喝了一声："东厂抓人，你们这些鼠辈想怎样？"

这一声呵斥彻底激怒了众人，愤怒像火山一样爆发了。数万人一下子扑了过来，呐喊声犹如海啸，雨点般的拳头冲着特务们落了下来。东厂特务们平常都是仗势欺人，从来没见过这场面，吓得四处逃窜。特务们在前面跑，百姓在后面追，不时鞋子从他们耳边呼啸而过，吓得他们有的爬到树上，有的跳到墙上，还有的藏在屋梁上，有人实在无路可逃，干脆跳进厕所粪坑躲起来。被逮住的东厂特务，几乎被打个半死。这是东厂成立以来最大的挫折，几百年来都没出过这事。

为了不连累大家，周顺昌劝众人不要把事情闹大，于是出现了有趣的一幕，市民们追撵特务，周顺昌害怕走丢，紧追着找东厂特务，希望他们赶紧把自己带走，好让这件事早点平息下去。周顺昌被押解进京后，受尽酷刑后屈死。

为了不连累无辜的人，当天带头起事的五个人颜佩韦、杨念如、沈扬、周文元、马杰站了出来，主动承担起责任。除了周文元是周顺昌的轿夫，其他四人与周顺昌素昧平生，他们之所以站出来，完全是为了公义。五人后来被处死，当地人民出钱将他们安葬在虎丘东边的山塘上，立了墓碑，上书"五人之墓"。再后来，复社张溥写《五人墓碑记》，传之后世。

经过此事，东厂特务们被吓破了胆，再也不敢下江南抓人了。

在苏州市民声势浩大的反特运动中，出现了一件意外的事，另外一拨东厂特务前往余姚抓黄尊素,恰好路过苏州。当地老百姓分不清,一看东厂打扮,索性一起把他们给收拾了。这些特务们没反应过来怎么回事,只好乱窜逃跑,慌不择路之下跳进河里才捡回一条命,连身上带的驾帖(即逮捕证)都搞丢了,只好原路返回。

黄尊素早已得知东厂来拿他,可是左等右等,终没有等到,虽然没有等到东厂来捉拿,但他还是毅然去自投罗网,眼看着东林党人一个个被杀,他实在不愿意独自苟且存活,后来他死在牢中。东林党人在和魏忠贤的斗争中完败,如今朝廷全成了魏家班。

就在魏忠贤和朝中东林党人斗法的时候,曾经有过一个插曲,使得东林党人翻盘的希望彻底落空。事件的主角是孙承宗,孙承宗文武全才,早年曾担任过一阵天启皇帝的启蒙老师,师生二人感情很深。后来孙承宗被派去辽东,手握重兵,就是魏忠贤也对他忌惮几分。

杨涟下狱后,孙承宗打算亲自到皇帝那里揭发魏忠贤。天启五年(1625年)十一月,孙承宗没有带兵,径自向京城进发。

魏忠贤听说后,暗恨不已,只顾和朝中东林党人斗,怎么把孙承宗这一茬给疏忽了,他知道孙承宗绝不像一般东林党人那样一条筋,而是有谋略的,且深受皇帝信任,手中还握有兵权,说什么都不能让皇帝见到他。

魏忠贤立马劝说皇帝:"听说孙承宗要带兵来京,肯定是要图谋不轨,对陛下不利啊!"可天启皇帝根本听不进去,他对孙承宗有百分百的信任,不相信孙承宗会造反。

天启皇帝泰然自若,魏忠贤心急如焚,形势逼人,魏忠贤急得号啕大哭,黏在皇帝床边,兜着圈子哭,搞得天启皇帝心烦意乱,心一软,算了,不见就不见吧,便让人传话给孙承宗,让他赶紧回到驻地去。

孙承宗毕竟是个知识分子,没有武夫蛮干不计后果的魄力,犹豫再三后,还是返了回去。从此，东林党再无回天之力。

东林党人从兴起到彻底败亡，前后历经三十多年，政治上起起落落，他们是一群有抱负有追求的人，为了实现政治清明的理想，不惜献出自己的生命，面对黑暗势力，他们毫不妥协，毫无疑问，这些人在品质上是值得敬重的。

但作为政治人物，大明高层官员，他们却显现出了知识分子的幼稚、执拗，而且往往以道德自我标榜，缺乏真打实干的才能，所以当他们遇到无节操、无底限的魏忠贤，注定要失败。

再后来，孙承宗也被逼辞职养老了，不过他好歹和皇帝的师生友谊摆在那里，魏忠贤也不敢把他怎么样，所以性命无虞。

从此以后，魏忠贤放眼天下，没有了敌手，他被走狗们称为"九千岁"，意思是跟皇帝也就差那么一点。如今魏忠贤金钱权力全都有了，人的欲望却是无止境的，下一步他想做圣人！

想做圣人，就要有传世经典著作，这难不倒他。魏忠贤手下有的是摇唇鼓舌的帮闲文人，他们很快编出来一部书，名为《三朝要典》，是万历、泰昌、天启三朝的大事荟萃。魏忠贤是什么样的人，大家不是不知道，《三朝要典》炮制出来以后，民间质疑声不断，东厂特务时不时出去抓人，但人民的嘴是永远堵不住的。

为了完成对东林党人的彻底清算，阉党阵营的左副都御史王绍徽弄出了一份别出心裁的名单——东林点将录，以水浒人物来套用东林党人，进行数字化编码。排第一的托塔天王晁盖，是南京户部尚书李三才，第二男主角及时雨宋江，是大学士叶向高，以此类推。有了这部名册，阉党就可以按图索骥，逐个打击对手。

与此同时，魏忠贤的造圣运动也在全国全面展开。阉党子孙们到处大修魏忠贤生祠，在修建生祠的队伍中有一个人出人意料，那就是袁崇焕。或许袁崇焕对这件事看得比较透彻，虽然他心中看不惯魏忠贤，但他更了解政治生存法则，懂得韬光养晦。

阉党孝子贤孙们展开了一场修建魏忠贤生祠的比赛，看谁修建得更上档次，谁修建得更豪华，众人挖空心思，唯恐落在别人后面。

想要在一拥而上的工程建设中引起魏忠贤的注意，不是件容易的事，因此众人都想将生祠建设成所在地的地标性建筑。明太祖建立大明以后，为了让他那些老实巴交的祖先也风光一把，在老家凤阳大兴土木，修建了宏大的皇陵，只是由于元末战乱，逝去的人连骸骨都找不到，皇陵里其实就存放着一些衣服。凤阳当地官员，就把魏忠贤生祠修在皇陵旁边。

更绝的是南京官员，竟然在明太祖孝陵陵园内修建了魏忠贤生祠，这意味着魏忠贤和明朝开国皇帝并列，一起享受天下人的敬仰了。

江西巡抚杨邦宪觉得在伟大的魏公公面前，历代圣贤都不算什么。为了给魏忠贤修生祠，他干脆拆了朱熹的祠堂，在原址基础上修建了魏忠贤生祠。

有人觉得所有这些做法，都还不足以彰显魏公公的伟大来，魏忠贤这样数百年一出的人物，应该归入孔孟一样的圣人行列。最先提出这一理论的是国子监监生陆万龄，他提出在国子监修建魏忠贤生祠，将魏忠贤和孔夫子放到一起供奉，理由是孔子做《春秋》，魏忠贤著《三朝要典》，都是经世盛典，孔子是圣贤，魏公公也应该是圣贤。奉魏忠贤为圣人的提议出来以后，有些人本以为自己已在不要脸的道路上走到头了，没想到跟陆万龄一比，还是差得太远。

在这场歌颂魏公公的活动中，只有想不到，没有阉党做不到的，以至于最后实在想不出新的花招来了，对魏忠贤的吹捧已经到了无以复加的地步。

魏忠贤很享受这种感觉，没想到正在他做圣人梦的时候，天启七年（1627年）八月，天启皇帝病危了。按理说，皇帝才二十三岁，正是年轻的时候，不过，在一次泛舟游玩中意外落水后，尽管魏忠贤拼了老命把皇帝救上岸，但皇帝自此落下病根，身体越来越差，最终一病不起。

有人认为天启皇帝是魏忠贤有意害死的，这个说法显然站不住脚，没有谁比魏忠贤更希望天启皇帝健康地活下去，只有天启皇帝平安，魏忠贤才能专权，如果换上一个精明的皇帝，魏忠贤很快会完蛋。

为了给天启皇帝保命，魏忠贤想了一切办法，最终都无济于事，天启皇帝身体越来越差，到阎王殿报到也就在朝夕之间了。估计魏忠贤没料到皇帝身体会这么早就垮，根本没有应急预案。一直以来，魏忠贤认定天启皇帝在未来相当长一段时间内还将长期执政，他排除了一切潜在取代天启皇帝的人，包括天启皇帝的儿子。在魏忠贤和客氏的阴谋之下，天启皇帝没有一个孩子存活下来。

皇帝没有后代，皇位毫无疑问将由他唯一的同胞弟弟信王朱由检继承。朱由检当时已十七岁，对于是否能掌握朱由检，魏忠贤心里没谱。没有把握的事情尽量不做，魏忠贤决定设法阻止信王即位。他从民间找了几个孕妇，打算只等她们生产，便称是皇帝的遗腹子，但这事需要张皇后配合才行。魏忠贤似乎忘了当初自己是怎么和张皇后作对的，他自信满满地跑去找张皇后，结果被她无比坚定地拒绝了。

张皇后刚听到魏忠贤荒唐的建议后大吃一惊，简直不敢相信自己的耳朵，魏忠贤竟然如此大胆，这不是明摆着把朱家的江山让给别人么？激愤之下，张皇后直接去找天启皇帝，但她万万没料到，天启皇帝竟然表示已经知道了，并同意让魏忠贤这么做。张皇后觉得皇帝不是被魏忠贤灌了迷魂汤丧失了心智，就是病得烧坏了脑子。不管什么原因，绝对不能让魏忠贤得逞，因为她明白，一旦此事让魏忠贤做成，她和信王朱由检都将死无葬身之地。

在张皇后的不懈努力之下，天启皇帝终于做了他一生中最正确的一件事，就是坚定了让朱由检接班的意志。

兄弟俩见面时，天启皇帝已经气若游丝，没有时间和精力细说了。他拉住信王的手说："吾弟当为尧舜。"

朱由检没有任何心理准备，一时不知如何回答，用眼角余光扫了一下站在一旁的魏忠贤，魏忠贤面无表情，朱由检当即跪下，不置可否说了一句："臣死罪！"越是在关键时刻，越不能急于表露心迹。

天启皇帝已没有精力详细解释了，唯有喘气。这时张皇后从屏风后走出来，说："皇叔义不容辞，且事情紧急，恐怕发生变故。"

皇后发话了，朱由检不再犹豫，便点头应允。

天启皇帝用最后的力气说了一句话："魏忠贤、王体乾恪谨忠贞，可计大事！"然后撒手人寰。天启七年（1627 年）八月二十二日，朱由校驾崩，年二十三。

直到弥留之际，天启皇帝依旧认为魏忠贤是大大的忠臣，临终前还不忘嘱咐弟弟重用他，不得不佩服魏忠贤揣摩心思的能力，能得到皇帝如此信任。

魏忠贤还是不死心，想封锁皇帝去世的消息，不过他晚了一步，张皇后已经抢先将消息传了出去。朱由检登基已是大势所趋，不能再逆势而为了，拥戴新君不能落在别人后面，魏忠贤急急忙忙准备仪仗去迎接朱由检入宫。

两天后，朱由检举行登基大典，正式即位，是为崇祯皇帝。张皇后知道魏忠贤的手段，什么事都敢做，暗中提醒崇祯皇帝不要食用宫中的食物。

崇祯皇帝也料到魏忠贤不会就此罢手，入宫后小心翼翼，从不动筷子，袖中自备干粮，饿了就随便吃点充饥。为了预防遭黑手，崇祯皇帝晚上不敢独处，把一帮太监召到一起，点明烛火，亮如白昼，摆上酒席，陪他度过漫漫长夜。皇帝做东，太监们自然求之不得。

其实，崇祯皇帝是多虑了。事已至此，魏忠贤已没信心除掉他，而是想着如何让他变成第二个天启皇帝，成为自己手中的傀儡。

现在双方还处在摸底阶段，不同的是，崇祯皇帝对魏忠贤的底牌很清楚，那就是留恋权势和金钱，想继续做他的"九千岁"。但魏忠贤对崇祯皇帝还是雾里看花。崇祯皇帝留给魏公公的印象有限，以前每次见面对他总是客客气气，态度端正，但对这个如今已经坐上皇帝宝座的少年天子，他了解得实在不多。崇祯皇帝留给大家的第一直观印象就是低调，完全是一副与世无争的样子。

魏忠贤觉得很有必要掌握新皇帝对自己的看法，于是给崇祯皇帝送去四个美女。这一幕似曾相识，当初朱常洛就是继位后，接到郑贵妃送来的美女，然后丧命。崇祯皇帝不是朱常洛，他汲取了父亲的教训，根本没碰她们，据说还从她们身上搜出了迷香。

魏忠贤觉得不对劲，决定以退为进，主动提出辞职。天启七年（1627 年）九月初一，魏忠贤很诚恳地表示自己年纪大了，希望交出东厂掌印太监之位，回家养老去。这不是魏忠贤的真实想法，他就是要看看崇祯皇帝如何答复。

出乎意料的是崇祯皇帝亲自召见魏忠贤，并客气地挽留他，说天启皇帝有遗旨，一定会重用他，并很诚恳地说："目前朕能依靠的就是你和张皇后了，你可不能在这关键时刻撂挑子走人啊。"崇祯皇帝是个好演员，连魏忠贤这样的老戏骨都被他蒙住了。

天启皇帝确实有这样的遗旨，但崇祯皇帝挽留魏忠贤的目的是为了彻底除掉他。

魏忠贤辞职获得挽留，但另外一个人的辞职报告一递上去，立马获得了批准。此人正是魏忠贤的对食客氏。魏忠贤之所以取得如此大的成就，离不开客氏的贡献。这么多年来，客魏二人配合非常默契。客氏辞职本是想学魏忠贤做做样子，心想既然魏忠贤获得挽留，自己也会被挽留下来，没想到皇帝毫不犹豫地批准了，这让她骑虎难下。

魏忠贤不死心，跑去崇祯皇帝那里探口风，看看有没有挽回的余地。崇祯皇帝话说得很死，毕竟客氏是先帝的奶妈，又不是朕的奶妈，现在先帝龙驭上宾了，她再待在宫里很不合适，退一步讲，就算皇帝挽留，客氏本人提出要离开，也要尊重个人意见啊。

最终客氏只好收拾行囊走人了，魏忠贤身边最得力的助手走了，引起了他极大的恐慌，他开始怀疑，崇祯皇帝是不是要对自己下手。

魏忠贤虽然觉得不对劲，但又说不出个所以然。思来想去，他觉得很有必要搞清楚皇帝的真实意图，看他是否在有步骤地削弱自己。魏忠贤暗中指使司礼监掌印太监王体乾提出辞职，自己不动声色地旁观。所有人都知道，王体乾是魏忠贤的人。

结果，崇祯皇帝毫不犹豫地拒绝了。难道皇帝并没有拿自己开刀的意图？魏忠贤再次迟疑了，这次迟疑使他彻底丧失了反扑的机会。

后来的日子里，崇祯皇帝不但没有责罚阉党团伙的意思，反而时不时赏赐宫中太监们，皇帝出手自然不是小家子气，一比下来，魏公公那点"意思"就显得很没意思了。魏忠贤没有察觉到，许多人渐渐开始转向皇帝那边了，而且朝堂上开始出现对魏忠贤不满的言论，这在以前是不可想象的。魏忠贤一统江湖的时代一去不复返，口子已经被撕开了。

都察院副都御史杨所修第一个站出来，将炮口对准了兵部尚书崔呈秀、太仆寺少卿陈殷、巡抚朱童蒙、工部尚书李养德，弹劾的理由是他们不孝。

本该指控他们贪污腐化、违法乱纪、为非作歹，但这些罪名很容易引起反击，因为这四个人是魏忠贤的铁杆死党，一旦打不倒，就会抱团反咬一口。

杨所修很聪明，避开主要犯罪事实，从一个不起眼的事入手，这四个人父母去世时都自我夺情，倒不是他们有多么爱岗敬业，而是他们对金钱和权势的迷恋，远远超过了对父母的感情。

不孝，在传统社会是个威慑力极大的罪名，作为明朝第一牛人的张居正就是被夺情"打残"的。

面对这个指控，魏忠贤很无力，想捞人却苦于没借口。他怀疑杨所修是不是有皇帝暗中撑腰才这么大胆。需要说明的是，杨所修本是魏忠贤的人，接到他的上书，崇祯皇帝不得不掂量，这背后是不是魏忠贤在唱双簧，于是他不露声色。同时，魏忠贤也在怀疑杨所修是不是被皇帝收买了，跳出来向自己的阵营反戈一击。

其实，这完全是杨所修自己的主张，因为他明显看出来，魏忠贤不得势了，必须早点划清界限，向皇帝交上投名状。

朝堂上，崇祯皇帝严词指责杨所修乱扣帽子，任意扩大事态，破坏目前和谐的朝政局面。崇祯皇帝对遭到弹劾的四人温言劝慰一番后，同意陈殷、朱童蒙、李养德回家守孝去，但兵部尚书崔呈秀由于岗位特殊，说什么都不同意他离职。

不过魏忠贤注定从此没法安分过日子了。国子监监生陆万龄遭到老师朱三俊弹劾，理由就是他当初将魏忠贤拔高到和孔子等圣人同等的位置。没想到，这次皇帝很快下令将陆万龄下狱。闹到这一步，魏忠贤觉得自己不能再装聋作哑了，毕竟事情因自己而起，所以他面见崇祯皇帝，表示对这种不着调的人一定要严惩。

面对接二连三发生的事，魏忠贤心中开始七上八下，恰恰此时，还有些阉党分子没眼色，江西巡抚杨邦宪上书皇帝，要求继续给魏忠贤修建生祠。魏忠贤气得跳脚，都什么时候了，还来添乱。可皇帝很痛快地批准了杨邦宪的请求。在宫廷混了这么多年，魏忠贤不傻，皇帝的做法有点不正常。

就在他还在疑惑时，崇祯皇帝又给了他天大的恩典，赐给他侄子魏良卿免死铁券。紧接着，皇帝又给阉党团伙的人统统升官，活着的提升，死了的追封，一个都没落下。

魏忠贤终于放下心来，他觉得崇祯皇帝是个识时务的人，了解自己的势力，向自己妥协了，魏忠贤想着以后踏实和皇帝合作，大家一起发财。

这正是崇祯皇帝想要的效果，通过这段时间不停地释放烟雾弹，他逐渐麻痹了对手，接下来就是发出致命的一击了。

想要打倒魏忠贤，必须先除掉崔呈秀这个魏忠贤的主要帮手。没有等到崇祯皇帝出手，朝中就有人动手了。

起因是崔呈秀识破了杨所修的把戏，要求他给自己恢复名誉，不然就给他好看。杨所修当然不会自己扇自己，所以找到吏科给事中陈尔翼，两人决定演一出双簧。

很快陈尔翼上书朝廷，称崔呈秀蒙冤，而让崔呈秀蒙受不白之冤的是东林党人，要求皇帝一查到底。一来二去，不露痕迹地把大家的责任推了个干净。谁都知道东林党人早已被魏忠贤清理得差不多了，总不能到阴曹地府去对质。

杨所修和陈尔翼这一出戏演得不错，崇祯皇帝给他们打满分，"既然是先帝时候的事，我刚登基，哪里理得清，你们最好去问先帝好了。"

本来以为皆大欢喜了，谁想到，命运就跟崔呈秀过不去，天启七年（1627年）十月十五日，云南监察御史杨维垣上了一份义正词严的奏疏，弹劾崔呈秀。这份奏疏文辞气势磅礴，字里行间充满了对阉党咬牙切齿之恨，谁能想到，杨维垣也曾是魏忠贤的追随者。明眼人都看出来，崔呈秀在劫难逃了，不妨在他倒地之前，赶紧补上一脚。

真正端上临门一脚的正是魏忠贤，是他指使杨维垣弹劾崔呈秀，他已决定抛弃这枚棋子，换来与崇祯皇帝的和平，这桩买卖划算。

对过河拆桥、丢卒保帅这种低级伎俩，崇祯皇帝看得一清二楚。他不但没有接手，反而痛骂了杨维垣，看起来皇帝似乎在拼命保护崔呈秀，而阉党在卸磨杀驴。崇祯皇帝的意图很明白，他要将阉党连根拔起，绝不给他们留下任何机会。

十月二十三日，工部主事陆澄源上书，弹劾崔呈秀，崇祯皇帝立刻批准，叫崔呈秀马上走人。同样是弹劾崔呈秀，为何结果完全不同？因为杨维垣弹劾崔呈秀的目的是保护魏忠贤，而陆澄源弹劾崔呈秀，矛头直指魏忠贤。

魏忠贤以为丢卒保帅成功，没想到噩梦才刚开始！大臣们纷纷上书弹劾崔呈秀，第一个站出来的是他的前下属兵部主事钱元悫，而且直截了当指出崔呈秀之所以作恶到现在，就是以因为他有个大后台魏忠贤。

一时间，魏忠贤经营多年的阉党集团分崩离析，所有人都忙着划清界限，上书表忠心。彻底击垮阉党的不是崇祯皇帝，恰恰是魏忠贤本人，当崔呈秀被他作为投名状抛出的时候，阉党党徒们都开始盘算自己的出路，因为谁都没法保证下一个被抛弃的不是自己。

魏忠贤剩下的出路就是彻底认怂，他跑到宫中对着崇祯皇帝大放悲声，泪如雨下。只是崇祯皇帝不是天启皇帝，不吃他这一套，自始至终用冷冷的眼光看着他，没法子，魏忠贤只好狼狈离开。

局势终于明朗，大家都看出皇帝要和魏忠贤摊牌了。魏忠贤和东厂特务已经给群臣留下了难以磨灭的阴影，所以大臣们都在彼此观望，谁也不敢轻易站出来。

终于有人第一个跳出来向魏忠贤发起挑战，十月二十七日，国子监监生钱嘉征上书弹劾魏忠贤，共列出十大罪状，具体包括：一、与皇帝并列；二、蔑视皇后；三、搬弄兵权；四、无二祖列宗；五、克削藩王封爵；六、目无圣人；七、滥加爵赏；八、掩盖边功；九、剥削百姓；十、交通关节。罪状犹如十把钢刀，一起飞向魏忠贤。

魏忠贤此时完全没有招架之力了，只好又跑到宫里哭诉，但崇祯皇帝态度很淡漠，并让他自己读钱嘉征的奏疏，那一刻他意识到局面已无法挽回了，现在能做的是想办法全身而退。

作为太监他明白，想要了解崇祯皇帝的心思，必须从他身边的太监下手。于是，他找到徐应元，一个跟随崇祯皇帝多年的太监，也是魏忠贤多年前的赌友。魏忠贤以近乎占卜的口气问徐应元，下一步他该怎么办。这一刻他还是不忘赌徒本色，想赌一把自己未来的命运，而押上的是身家性命。很不幸，这一次他赌输了。

徐应元对老赌友平静地说，现在你唯一能做的就是急流勇退，赶紧向皇帝递交辞职报告，然后收拾收拾，回家养老去。

魏忠贤满怀感激，以为徐应元给他开出的是保命符，岂知他得到是一条催命咒。阉党多年来遍布朝野，一旦魏忠贤豁出去，拼个鱼死网破，崇祯皇帝还是有所忌惮的。没想到徐应元三言两语，就彻底解除了他的思想武装。作为一名权力场的老手，魏忠贤此刻完全昏了头，忘了在权力的游戏中，从来没法全身而退，一旦输掉就是死路一条。

很快，崇祯批准了魏忠贤的辞呈，魏忠贤的时代结束了。走出皇宫那一刻，魏忠贤和崇祯皇帝都长吁了一口气。魏忠贤觉得自己可以全身而退了，他现在对皇帝已没有任何威胁。没了獠牙的魏忠贤，就什么都不是了。

辞职三天后，也就是天启七年（1627 年）十一月一日，魏忠贤接到命令，前去凤阳看守明朝祖陵。如果不出意外，魏忠贤会像他的前任汪直、冯宝那样，在看守陵园中默默死去，虽然落寞，但保住了性命，这也是明朝大多数在权力斗争中失势的权宦的结局。

就在这时，意外出现了，看到多年老友被变相发配，徐应元觉得有点不忍心，很不合时宜地站了出来向皇帝求情，希望对魏忠贤宽大处理。崇祯皇帝当场勃然大怒，下令将徐应元打一百棍。徐应元的求情反而提醒了崇祯皇帝，魏忠贤虽然倒台，但他的影响还在。

徐应元觉得自己一向忠心不二，鞍前马后伺候了十几年，在皇帝那里怎么也有几分薄面，显然他过于高看了自己，在崇祯皇帝眼里他就是一个奴才罢了。

彻底让崇祯皇帝起了杀心的正是魏忠贤本人，按照正常人的思维，如今的魏忠贤应该夹着尾巴做人，尽量别引起皇帝的注意，自生自灭才是，但高调张扬多年的魏忠贤，短时间很难收敛，他在出发前收拾行囊就花了好几天，清理出四十车的金银细软，然后带着数千人的队伍浩浩荡荡出发了，这在崇祯皇帝看来分明是向他示威。亲信太监李永贞暗中提醒魏忠贤，切不可如此张扬，魏忠贤却说皇上要是杀他，根本不需要等到今天。也有人认为魏忠贤这是自污，好让崇祯皇帝放心，但他显然不了解皇帝。

如今谁也无法将魏忠贤从自取灭亡的道路上拉回来了。离开三天后，崇祯皇帝就下令捉拿魏忠贤。

魏忠贤一行人，此时刚到达直隶河间府阜城县。由于队伍太过庞大，几乎将这座小县城的旅店都包下了，原来的旅客不用说都被赶到了大街上。

长期以来，魏忠贤高高上上，要风得风，要雨得雨，动动手指就可以决定许多人的生死，好多政敌都倒在他脚下，多年来没遇到一个真正的对手，没想到如今却栽在崇祯皇帝这样一个半大小子手里，不由得感慨万千。

魏忠贤正在感慨中，突然得知朝廷捉拿自己的队伍正在赶来的路上。他知道自己接下来的结局一定很惨，但没想到是在阜城这无名之地，走完最后的人生。时值隆冬季节，天气异常寒冷，一片冰锅冷灶，人到临死，无论曾经如何显赫，内心中都充满了对死的恐惧，对生的留恋。魏忠贤徘徊再三之后，将头投进悬在梁上的绳索。

次日，等太监李朝钦发现魏忠贤时，尸体早已僵硬。魏忠贤自杀的地方距离他的出生地肃宁，只有四十来里路，他的人生转了一大圈，最后还是落到了原点。

树倒猢狲散，魏忠贤一死，他的随从队伍立刻开始了财物争夺战，哄抢完毕后，作鸟兽散了。

魏公公人虽死，但清算遗毒的斗争才刚拉开帷幕。首当其冲的当然是和他并肩作战、配合密切的客氏。刚开始，客氏仗着一张利嘴，撒泼、胡搅蛮缠，搞得主审官十分被动，对这号人还得以毒攻毒，于是换上一个太监来审讯，太监显然没有刑部官员的耐心，一上来就用刑，客氏哪里经得住，立刻毫无保留地将多年的犯罪事实招供了。

根据客氏的交代，她的犯罪记录可谓触目惊心，迫害嫔妃致死，害得皇后流产，企图偷天换日，用民间妇人之子冒充天启皇帝的儿子。总之一句话，蛇蝎心肠，死有余辜。客氏被罚到浣衣局做苦力，没多久就死在那里，据说是被活活打死的。

作为魏忠贤的得力助手，罢官在家的崔呈秀得知魏忠贤结局之后，就料到自己不会有好下场，与其等着被抓入大牢，生不如死，还不如提前自行了断，自挂屋梁了。

魏忠贤、崔呈秀这些人还没来得及受惩罚，一个个便自行了断了，虽然省了不少事，但崇祯皇帝心头憋了多年的怒火还是难以平息。皇帝下令将崔呈秀和客氏斩首，由于二人已死，便将尸体刨出来再斩首一遍。魏忠贤被判处凌迟，刮了几千刀。死人自然没了感觉，处刑最多算是虐尸而已，但姿态还是要做，表明就是死了也不放过他们。

阉党集团存在久，能量大，曾经无处不在，眼看魏忠贤完蛋，大多数人表现得很心安理得，因为自古以来法不责众，不管谁当皇帝，还是要靠他们抬轿子吹喇叭。阉党一伙料定，皇帝会见好就收。他们太不了解崇祯皇帝了，他对阉党就一个态度——除恶务尽。

阉党的人纷纷和魏公公撇清关系，但有些人是没法洗白自己的，就像蓟辽总督阎鸣泰，他是靠崔呈秀爬上去的，一上任做的头等大事就是为魏忠贤修生祠，在自己辖区内修了十多个。阎鸣泰当初修生祠的时候，绝对没有想到魏忠贤会这么快倒台，为了表明心迹，表达对魏公公的无限敬仰之情，他每修一处，一定把自己的名字刻上去。当年邀功的业绩，如今却成了勾结阉党的罪证，想抵赖也不行。阎鸣泰现在能做的就是将恶劣影响降到最低限度，尽量把责任推到下属身上，但崇祯皇帝岂是那么好糊弄的，阎鸣泰最后被罢官流放，死在流放戍所。

魏忠贤死后的一个月内，朝局大体上很平静。崇祯皇帝表现得波澜不惊，这种淡定让人捉摸不透。崇祯皇帝心里明白，他现在要做的就是什么都不做，自有人会跳出来的。

果然，人性的丑陋马上暴露无遗，阉党中有人开始沉不住气了，上书揭发昔日的同谋者，竭力表明自己完全是出于义愤，和阉党没有任何干系，对皇帝的忠诚日月可鉴。渐渐地，皇帝书桌上检举信越来越多，堆成一座小山。

崇祯皇帝不动声色，罪证已经到了手中，内容完全超出了皇帝所掌握的。揭发的阉党成员包括内阁大学士、六部尚书、都察院、地方大员，总之，要是把这些人全部抓起来，朝廷要瘫痪，各级办事机构要关门。

大家都在以近乎嘲弄的心理看着皇帝，总不能把所有人都杀掉吧。他们的看法并不是没有道理的，自古政治斗争失败后，无不是除掉首恶，余者不究，免得打击面太广。显然，他们低估了崇祯皇帝斩草除根的决心。

魏忠贤得势的时候，凡是跟他沾亲带故的人，全都鸡犬升天。如今，魏忠贤一倒，这些人首当其冲，一个都跑不了。行刑队伍中最为显赫的当属魏忠贤侄子魏良卿和客氏儿子侯国兴，一个曾受封宁国公，一个是锦衣卫指挥使。魏良卿不久前还刚拿到免死铁券，但这东西只要皇帝不认账，就是一块废铁，根本没用。明朝历史上拿到免死铁券的人没几个善终的。

再说说魏忠贤身边几个备受重用的太监最后的结局，李朝钦是陪同魏忠贤一起上路的，他看见魏公公上吊后，知道自己追随多年，绝不会有好下场，便也悬梁自尽了。

魏忠贤的核心团队除了李朝钦，还有司礼监掌印太监王体乾，秉笔太监李永贞、刘若愚。这几个人中，无论职位，还是犯罪记录，王体乾都是最高的，魏忠贤干的每一件令人发指的恶行都离不开他的参与，比如杀害王安、迫害六君子等等，但令人感到蹊跷的是，王体乾被高举轻放，最后给了个不痛不痒的罪名，就给放了。

后来史学家推断，王体乾扮演了无间道的角色，当他看到形势不对，便很快成为崇祯在魏忠贤身边的间谍，正因为有了他源源不断的情报，所以对魏忠贤的一举一动，崇祯皇帝一清二楚。由此就不难理解，在崇祯皇帝身边兢兢业业伺候了十多年的徐应元仅仅帮魏忠贤说了几句话，就被打了一顿板子直接发配南京，而王体乾依旧逍遥自在。

最好笑的要属李永贞了，崇祯皇帝一上台，他就觉得要变天了，开始考虑后路，不断加固院墙，做起了缩头乌龟。后来他发现魏忠贤倒台也仅仅是被撵走而已，便觉得安全了，从龟壳中探出头来，把围墙给扒了。

谁料到局势纷纭突变，魏忠贤返乡途中上吊自杀的消息传来，再修墙已来不及了，李永贞此时顾不上心疼，决定大放血上下打点，换一条活路。他求的是徐应元和王体乾，徐应元很快自身难保了，而在王体乾的眼里朋友就是用来出卖的，魏忠贤尚且不在话下，更何况李永贞。

三十六计走为上计，李永贞决定跑路，但是没跑多远就被抓了回来。李永贞决定以死相抗，但不知是自杀水平不过关，还是勇气不足，先后自杀四次都没死成，终究难逃刑场挨一刀。

最后一个是刘若愚，此人文笔了得，书法也很有特色，属于太监中的知识分子一类，是魏忠贤的文胆。刘若愚一直以来得不到魏忠贤的完全信任，他对魏忠贤的做法也持有一定保留意见，所以始终处于若即若离的状态。刘若愚原名刘时敏，后改名若愚，也有装糊涂的意思，但作为阉党一分子，他是没法把自己摘干净的，魏忠贤一倒，他也被检举揭发。

后来李永贞被判斩立决，刘若愚被判斩监候，一个是死刑立即执行，一个是死缓。判处死缓的人，若非发现新的重大罪证，一般就顺延为无期徒刑了，此后刘若愚在监狱中度过了漫长的十几个春秋。

坐牢期间有的是时间，刘若愚心想同样是阉人，司马迁可以著书名垂青史，自己何不也撰写一本史书，洗刷一下罪名。在以后十几年中，刘若愚埋头著述，详细记述了自己在宫中数十年的见闻，至崇祯十四年终于完成，书名《酌中志》，这为后世研究魏忠贤及阉党留下了第一手宝贵资料。鉴于刘若愚的贡献，他后来被释放出狱。

清除太监后，下一步就轮到阉党在朝廷的走狗们了，其中最臭名昭著的要属"五虎"和"五彪"了，这些人无不是劣迹斑斑，手上沾满了鲜血，不杀不足以平民愤。其中尤以田尔耕、许显纯为甚。他们手段残忍，心思歹毒，不少东林党人在他们手中经受了非人的折磨，比如许显纯曾把钉子钉到杨涟耳中。出来混总是要还的，以前是他们折磨东林党人，现在轮到自身了，所谓天理昭昭，报应不爽。

报应是来了，但过程总有一些曲折。

经过司法部门的调查取证，会审之后，判决田尔耕、许显纯死缓，其他几个人罢黜公职，发配充军。判决结果一出来，舆论一片哗然。

之所以出现这种结果，因为审判的官员都是昔日阉党分子，刑部尚书苏茂相、都察院左都御史曹思诚都是魏忠贤的忠实追随者，指望他们对自己人下痛手，确实有点难度。苏茂相、曹思诚等人认为，如今魏忠贤已死，其他几个骨干太监也都处理了，皇帝是时候收手了。由于当年魏忠贤扩张势力太过凶猛，朝廷上下阉党分子多如牛毛，无处不在，杀得完么？所以该糊弄就糊弄，该敷衍就敷衍，实在不行就用拖字诀，日子久了，皇帝也就淡忘了。

崇祯皇帝一看不行，就换上吏部尚书王永光，谁料到王永光烂泥扶不上墙，根本不愿意接手。震怒之余，崇祯皇帝直接宣布了这些人的判决结果：统统去死！一个不留，家产充公。

曹思诚、苏茂相不忍心下手，便立刻滚蛋！由乔允升接任刑部尚书，大学士韩旷、钱龙锡全面负责阉党追查工作。皇帝特别强调，除恶务尽，不可漏掉一个。

由于阉党分子实在太多，内阁商议之后，决定主犯严惩，从犯从轻，胁从不究，共同整理出来六十多人的阉党骨干名单，上报御前。

崇祯皇帝一看，这明显是糊弄人啊！魏忠贤经营多年，群兽盈朝，阉党分子犹如过江之鲫，现在怎么就查出这么几个，看来还是不愿意下死手，也不想想当年阉党可曾面慈心软过！

内阁官员还想抵赖，"证据不足，总不能冤枉好人吧？"崇祯皇帝冷笑一声，将当年阉党分子给魏忠贤歌功颂德的奏折直接从档案室搬到内阁。皇帝都帮到这份上了，顺藤摸瓜的事总不能不做吧！

这样一来，不交出点"干货"是不行了，阉党专案组日夜加班，马不停蹄地工作，共拿下二百六十一人，分别被判处死刑、没收家产、无期徒刑、发配充军、开除公职等等，这意味朝廷有编制的公务员队伍，将近三分之一被换掉。

阉党垮台，朝野欢呼，一扫众人多年心头积压的阴霾。与此同时，复仇行动也开始了，这些复仇者，毫无疑问是当年被阉党迫害折磨死的东林党人家属及后代。

阉党中属田尔耕、许显纯二人民愤最大，"六君子""七君子"这些人都被他们折磨而死，所以报应很快来了。

刑部开始审讯许显纯，大明法律讲究依法审讯，明知这些人渣罪恶滔天，但该走的法律程序还是要走，翻卷宗、传讯证人、听取受害人家属陈述意见等，一样都没落下。

"七君子"之一黄遵素的儿子黄宗羲作为受害者家属代表也出现在审讯现场。黄宗羲是个猛人，博学多才，几乎无所不通，与顾炎武、王夫之并称"明末清初三大思想家"，留下了"天下之治乱，不在一姓之兴亡，而在万民之忧乐"这样的经典名言，至今还在为人们津津乐道。

审讯工作开始后，许显纯装无辜，一副蒙受不白之冤的样子，黄宗羲则按照法律程序平静地回答主审官的问题。该走的程序走完了，按理黄宗羲也该退场了，谁想这时意外出现了，黄宗羲猛地冲了上去，从袖子中掏出一把锥子来，对着许显纯一锥子扎下去，许显纯立刻发出一声钻心的嚎叫，紧接着黄宗羲锥子越扎越快，许显纯叫声越来越凄惨。

刚才分明还是一张文静的读书人面孔，现在已被仇恨扭曲，变得咬牙切齿。由于变化太快，现场人都没反应过来，都傻在那里，看黄宗羲挥动锥子狂扎。等人们回过神来拉住黄宗羲，夺掉他手中的锥子时，许显纯浑身血流如注，身躯扭成一团，眼中充满了恐惧。昔日不可一世的恶人，用钉子钉杨涟脑袋、用土袋压人时，绝对没想到他也有今日，等原形毕露时，也不过是一个懦弱的可怜虫。

已被仇恨点燃的黄宗羲，又扑向另外一名同审的阉党骨干"五彪"之一的崔应元，饱以老拳，崔应元被打得毫无招架之力，临了，黄宗羲愣是硬生生将崔应元的大胡子一把扯了下来。

黄宗羲在审讯现场施暴的故事很快在大街小巷传开了，他非但没有因为虐囚而受到追究，反而人人都竖起了大拇指，真男儿也！后来消息传到崇祯皇帝耳中，皇帝也叹息了一声：忠臣孤子。

黄宗羲却还没有消停下来的意思，他通过打听找到了当年迫害父亲的两个看守，二话不说就干掉了，事后竟然没有被追查，依然在大街上溜达。

黄宗羲如此有种，其他那些受到阉党迫害的东林党人的后代坐不住了，魏大中之子魏学濂、杨涟之子杨之易、周顺昌之子周茂兰都纷纷上血书，为父辈喊冤。

崇祯皇帝一一受理，该褒奖的褒奖，该平反的平反，一一恢复名誉。杨涟、左光斗、魏大中这些屈死的东林党人终于等来了迟到的正义。

阉党中有些人侥幸逃过了刑部的审判，但有一种审判是难以逃脱的，那就是道义的审判，或者说是人民的审判。曹钦程和顾秉谦曾是魏忠贤的铁杆死党，他们回到家乡以后，等待他们的不是鲜花和掌声，而是乡邻的口水，只能在羞愧和惶惶不安中抑郁而终。

要说阉党分子经过这次大清洗以后有没有漏网的，肯定有，那么有没有被冤枉的，很难说。除了那些死有余辜的人外，有些人为人确实差劲，但不至于罪大恶极。比如陆万龄就是个马屁精，为了巴结魏忠贤，提出要将魏忠贤和孔子并列祭祀，这种令人不齿的行为确实恶心，但在一片对魏忠贤歌功颂德的大潮下，他的行为算不上穷凶极恶。不过在崇祯皇帝从严从重从快的高压之下，谁敢为他说话？陆万龄为拍马屁付出了沉重的代价，被判斩立决。

清除阉党遗毒很快变味了，有些人开始利用追查阉党的名义打击对手，大学士韩旷本是资深东林党人，被崇祯皇帝寄予厚望，但他假公济私，整治异己分子。凡是跟东林党有过过节的全部给扣上阉党的帽子抓起来，至于是不是真的阉党反而不重要了。历史往往就是这么讽刺，正义凛然的背后未必就是正义的事。不管怎么说，曾经不可一世、把持朝政七年之久的阉党终于落幕了。

按照一般的逻辑，魏忠贤和骨干分子已死，阉党再无力与崇祯皇帝作对，崇祯皇帝为何还要一味地追究到底呢?

铲除旧朝势力,打造自己的班子,固然是重要原因,但更重要的一个原因就是党争的需要。在二元化思维中,既然阉党作恶多年,作为受到压迫一方的东林党人肯定要彻底将阉党打垮,绝不能让它再死灰复燃。

阉党和东林党人斗争,彻底耗尽了大明最后的元气,如今魏忠贤已死,东林党人回来了,但他们早已不是当初那群满怀救国救民激情的人了。

东林党人,曾经是一批有担当有信仰的知识分子。在传统语境中,结党本身就有贬义,但东林党人不忌讳这一点。赵南星卸任后,在家乡设"思党亭",表明东林党人是君子党,坦坦荡荡。东林党兴起之初,掌握了很大的话语权,东林书院的清议能对朝政产生极大影响,作为民间知识分子团体能够对朝廷渗透,无疑对皇权构成了威胁。顾宪成等东林党人领袖能够以布衣身份发表时局看法,影响内阁决议,从现代人的角度看,这是民间公众言论发挥对公共权力的监督,但毫无疑问,这是对皇权的挑战。

东林党人还结集出版《万历邸钞》《万历疏钞》,向天下人公开宣传自己的政治主张,形成了强大的舆论,冲破了朝廷的言论封锁,这是皇帝都无法容忍的,这才是阉党和东林党人斗争的深层原因。

明朝中期以后,江浙一带工商业开始兴起,商人阶层在传统社会中处于最底层,随着市民资本的发展,他们迫切需要政治代言人,这是资本的内在需求,古今中外概莫能外。东林党人领袖顾宪成、高攀龙均出身于商人家庭,他们一再宣扬惠商恤民,减轻赋税。东林党人逐渐成为江浙商人、豪强、小市民的代言人。

如果说在天启朝,东林党人还是为了理想,不惜牺牲自我,崇祯朝以后,东林党逐渐成为利益团伙,明朝覆灭以后,作为士林领袖的东林党人钱谦益竟带头降清。

崇祯初年，阉党倒台，东林党人就开始扩展自己的利益，一再要求削减矿税、盐税、茶叶税等商业税收。朝廷的税收仅剩下农业税。此时东北后金崛起，长期的辽东战争造成明廷财政紧张，为了削减开支，不得不裁剪基层机构组织，同时加重农业税的征收。

天启和崇祯年间，北方中国大面积出现干旱、蝗虫等自然灾害，农业税的加征导致许多家庭破产，被迫铤而走险。基层组织的裁剪，毫无疑问削弱了朝廷在地方的统治基础，也导致信息不畅，对突发事件无法快速做出决断。这一点，从明末农民军领袖李自成身上生动体现出来了。李自成本是一名驿站驿卒，驿站撤销导致他失业，只好带领大批饥民起来造反。

崇祯皇帝至死都没认真反思过自己，临死前还在说，群臣误我！语气间充满不甘和委屈。在扳倒魏忠贤的过程中，崇祯皇帝表现出了机智隐忍，政治斗争手腕运用得炉火纯青，是他执政生涯中的一大亮点，可惜后来的执政一塌糊涂。崇祯皇帝勤政，事必躬亲，但缺乏治国谋略，为人刚愎自用，性格猜忌多疑、冷酷残忍。他不相信任何人，为了防止专权，频繁调换官员，朝廷缺乏稳定的执政团队，十七年间先后换了五十名内阁大学士，使得政令缺乏有效延续性，最终一手葬送了大明王朝。

魏忠贤死后十七年，大明王朝即将谢幕前夕，崇祯皇帝做了一件不同寻常的事，让太监王承恩祭祀魏忠贤。如果说魏忠贤是皇权寄生出来的魔鬼，那么崇祯皇帝临死前还想为魔鬼招魂。但一切都没用了，大明王朝气数已尽，纵然是神仙下凡，也无回天之力。

这时京城出现大规模鼠疫，一个个鲜活的生命顷刻间消失，人们争着往城外送棺材，以至于把城门都堵死了，远处传来闯王李自成的隆隆战鼓，景山上催命悬索已经向一个王朝招手。投入悬索之中的不仅仅是崇祯皇帝的头颅，还有伴随这个王朝的一切，包括东厂，也一同烟消云散。

小贴士：明朝内阁制度

内阁始建于建文四年，起初就是皇帝的秘书班子，其职责是提供咨询和顾问。后来权力逐渐扩大，地位越来越高，成为明朝行政枢纽。内阁一般由数人构成，这些人可以是各部尚书，但必须加殿阁大学士头衔。内阁首辅相当于丞相，但权力受到内廷司礼监的制约。具体表现为，首辅有票拟的权力，但批红权后来掌握在司礼监太监手里，两者结合起来才是完整的相权。明朝内阁这一特殊的安排，为当时政治稳定发挥了很大作用。

后记

崇祯十七年（1644 年），立国近三百年的大明朝在内外交困之中，轰然倒下。一个王朝的覆灭，绝不是单一原因导致，明朝灭亡后，关于它亡国原因的研究从来没有停止过，对后世影响可谓深远。

明朝的灭亡，在整个东亚都产生了深远影响，李氏朝鲜孝宗甚至一度打算北上出兵帮助明朝复国。在南明永历帝时期，在华的基督教传教士曾谋划联系教皇，企图联合欧洲诸国教士团，帮助明朝抗击大清，不过由于种种原因，最终没有实现。不过就算出现某种外在力量的干预，也无法改变明亡的大局。

明朝灭亡后，在南方先后出现了三个小政权，但都非常短促，不过是昙花一现。一些忠于明朝的势力开始开辟海外根据地，不少明军残余部队进入越南等东南亚国家。郑成功割据台湾数十年，直到康熙年间，才被清军收复，至此，明朝势力全部消亡。

清朝建立以后，为了表明自己政权的合法性，宣布自己政权取自于李自成，而非明朝，企图占领道德制高点。为了控制人民思想，大清皇帝先后制造大量文字狱，其中最著名的就是庄廷鑨《明史》案，牵连甚广，前后数千人被诛杀。

进关伊始，还未完全站稳脚跟，清朝就开始修《明史》，从顺治二年（1645年）到乾隆四年（1739 年），前后历经九十四年才正式成书，开创了历代官修史书之最。

《明史》对史料的取舍是有选择性的，史实记录时也刻意采取曲笔和模糊处理。乾隆年间开始大规模编纂《四库全书》，对历代书籍，尤其是对关于明朝的书籍进行肆意删改和毁坏，所以今天看到的明朝历史，早已不是它本来的面目。

宦官专权是中国历史上的一种特殊现象，宦官干政尤以东汉、唐、明三代为烈，而明朝是宦官擅权的巅峰，究其原因，与东厂这一特殊机构的存在不无关系。

关于东厂的性质历来众说纷纭，至丁易先生《明朝特务政治》一书出，世人皆开始以特务机构称呼它，丁易撰写《明朝特务政治》时期，恰逢民国黑暗年代，当时特务政治横行，所以不乏春秋笔法的意蕴，以历史之酒浇心中之块垒的意思。

东厂的存在基本贯穿明朝一代，几乎渗透到明朝政治、经济、军事、文化等各个方面，无处不在。要评价东厂，很难三言两语说清，有一点毋庸讳言，它是皇权专制下的统治工具，它在明朝近三百年的历史中做了大量黑暗不光彩的事情，这些理应受到历史的唾弃，但仅仅这些远远不够。

传统的思维惯性，使得许多人容易用非黑即白的对立思维看待历史，对待历史人物，容易从道德角度去审视，但是真实的历史远比我们想象的要复杂得多。

理论上，在帝国制度中，皇权至高无上，不受任何制约，其实具体到每个朝代，皇权的大小不一样，就是同一个王朝，每个皇帝的权力也存在差异。以明朝为例，除了明初的洪武、永乐两朝君主比较强势外，以后历代皇帝权力都受到不同程度的制约。明朝有当时世界范围内比较先进的内阁制度，内阁的官僚都是以儒家学说培育出来的士大夫，由于受孔孟思想影响，他们会自觉或不自觉地以百姓苍生代言人自居，使得皇帝意志很难完全施展开来。

内阁与皇帝的较量，就是传统君权和相权的博弈，明朝的文官是很不好对付的，许多时候，皇帝以一己之力与整个文官集团做斗争，往往占不到多少便宜，只能以打大臣屁股来发泄心中的不满。文官们依靠手中的话语权和意识形态主导权，皇帝也往往有所忌惮。

历来君主都向往不受任何约束的权力，为了抗衡内阁，明朝皇帝设立了一套由宦官掌握的管理机构，即以司礼监为首的内廷二十四监，它有一套与以内阁为首的外廷相对应的班子，形成了内外廷并存的二元统治模式。内廷与外廷犹如皇帝两只臂膀，它们之间的关系并非一成不变，完全取决于皇帝的需要，总体来说，两者之间互相制约平衡。正因如此，明朝有的时期，皇帝几十年不上朝，但国家机构正常运转，也没出现权臣架空皇帝的现象。

明朝历史上出现了许多权倾一时的宦官，他们无一例外都掌握着东厂这一庞大的特务机构，这些权宦无论怎样飞扬跋扈，都只是皇帝手中的工具而已，一旦皇帝决定抛弃他们，覆灭不过朝夕之间的事。汪直、王振、刘瑾、魏忠贤这些人都曾经不可一世，但多年积累的政治资本，抵不过皇帝轻飘飘一句话，只能束手就擒，引颈待戮。

这些东厂头子之所以能为所欲为，主要倚仗皇帝的信任，他们大多是从皇帝幼年起就照顾起居，使皇帝对他们产生了依赖和信任，而且常年生活在皇帝身边，对皇帝的喜好、脾性都无比了解，所以更能投其所好，这些都是外臣所不具备的。

汉唐时期的权宦，往往能够操纵皇帝，将皇帝玩弄于股掌之间，甚至废立皇帝。唐朝有几位皇帝就丧命于宦官之手，唐朝中后期宦官直接掌握皇家禁卫军神策军，轻易就可以控制皇帝的人身自由。但是，明朝权宦自始至终无法做到，他们能做的就是想方设法讨得皇帝欢心。

东厂大堂内，供奉着岳飞的巨幅画像，院内有一块石碑，上面刻着"流芳百世"，后世人觉得这看上去很滑稽，是虚伪的东厂太监们对外释放的烟雾弹和一种自我标榜。笔者觉得不然，岳飞身上体现出来最重要的一点就是对皇帝的忠心，同时还有被世人不理解，最后被蒙冤杀害。东厂之所以将历代厂公的牌位和岳飞画像供奉在一起，就是告诉东厂的大小特务们，东厂所做的事就是要忍辱负重，会挨骂名，还可能蒙冤死于非命，但相信后世终会真相大白于天下，声名会流传后世。如果一个人长期生活在阴暗之中，内心中一定会煎熬、压抑，所以相信每一个东厂大小头目在岳飞画像前上香、行礼的时候，也是在寻求内心的一份自我安慰。

东厂的历代厂公中，不少人摧残忠良、荼毒百姓，但也有正直忠厚的人。但无论忠奸善恶，都无法左右东厂是皇帝统治工具的命运。在封建社会中，皇帝被标榜为真命天子，一切行为都必须是正确的，残酷卑劣的骂名必须由东厂来扛。

畸形的社会产生畸形的制度，也催生畸形的人，王振、刘瑾、魏忠贤这些祸国殃民的权宦就是畸形皇权社会的产物，是皇权将心中的魔鬼放出，在这些人的身上无限放大。

明朝历史上曾有不少人提出废除东厂，但皇帝可以抛弃作恶的太监，却从没有舍弃过东厂，因为皇权才是一切罪恶的本源。

随着明朝最后一位皇帝崇祯皇帝自缢于万岁山，大明王朝彻底土崩瓦解，东厂也跟随王朝一起烟消云散，消失在历史深处，但是不叫东厂的"东厂"依然会改头换面登上新的历史舞台。

参考书目

（清）张廷玉：《明史》，北京：中华书局，2015年。

（清）谷应泰：《明史纪事本末》，北京：中华书局，2015年。

（清）夏燮：《明通鉴》，北京：中华书局，2013年。

（清）谈迁：《国榷》，上海：上海古籍出版社，2008年。

陈梧桐：《明史十讲》，上海：上海古籍出版社，2007年。

樊树志：《晚明大变局》，北京：中华书局，2015年。

孟森：《明史讲义》，北京：中华书局，2009年。

卫健林：《明代宦官政治》，石家庄：花山文艺出版社，1998年。

韦庆远：《明代的锦衣卫和东西厂》，北京：中华书局，1979年。

丁易：《明代特务政治》，北京：群众出版社，1983年。

王其榘：《明代内阁制度史》，北京：中华书局，1989年。

王兴亚：《明代行政管理制度》，郑州：中州古籍出版社，1999年。

崔航：《厂卫系统与明代监察制度》，《法治与社会》2013年3月。

闫光亮：《从明统治集团内部的斗争看西厂的立废》，《辽宁教育学院报》1990年第1期。

岳鹏举：《宦官及东厂特务对明朝的影响》，《佳木斯大学社会科学学报》2014年6

月第 32 卷第 3 期。

庄林丽：《论中国古代的间谍职官和机构》，《濮阳职业技术学院学报》2011 年 4 月第 24 卷第 2 期。

付芳：《明朝厂卫机构的法外用刑探略》，《兰台世界》2015 年第 9 期。

何平：《明朝大宦官汪直用事述评》，《广西大学学报》1989 年第 1 期。

商丽杰，王素明：《明朝酷刑初探》，《文史博览》2006 年 5 月。

陈刚俊：《明朝权阉汪直用事与西厂立废——兼论明代中期士风》,《黄河科技大学学报》2012 年 1 月第 14 卷第 1 期。

陈晓辉：《明朝特别警察制度——厂卫的研究》，《湖北警官学院学报》2006 年 7 月第 4 期。

唐莜蔚，时显群：《明代厂卫对司法的影响》，《兰台世界》2014 年第 33 期。

胡丹：《明代东厂新证三说》，《西南大学学报》2010 年 9 月第 36 卷第 5 期。

怀效锋：《明代中叶的宦官与司法》，《中国社会科学》198 年第 6 期。

胡丹：《明前期的"东厂"沿革》，《紫禁城》2010 年第 7 期。

房鑫：《明正德年间内行厂的兴废》，《边疆经济与文化》2013 年第 2 期。